# だから数字にダマされる

「若者の○○離れ」「昔はよかった」の9割はウソ

Don't be fooled by statistics

小林直樹 著
日経デジタルマーケティング 編

日経BP社

# はじめに

「若者の○○離れ」というフレーズが定着したのはいつごろからだろうか。調べてみると、「クルマ離れ」は大手紙では2007年に数回登場し、2008年の年初に前年の新車販売台数が4年連続減少、35年ぶりの低水準だったことを受けて一斉に使われるようになった。

「海外旅行離れ」は、2006~2007年から出始め、2008年に定着した。原油高騰に伴う燃油サーチャージの値上げや2008年秋のリーマンショック以降の景気低迷で、海外旅行客数が大幅に減った時期だった。

「ビール離れ」は90年代から大手紙で年間数回散見されるが、頻出するようになったのは2007年の年明け。ビール類の国内出荷量が2年連続で減少したことを報じる記事だった。これを受けて大手5社とビール酒造組合が、5月下旬の1週間を「ビールデンウイーク」と定めて、共同販促イベント「ビアフェス」を六本木ヒルズで開催。3年は続いたようだ。その後、各地でオクトーバーフェストが開催されるようになり、従来のビアガーデンとは一味異なるイベントとして、若者にも受け入れられている。

もともと「活字離れ」「読書離れ」「理科離れ」など、アカデミズムの領域で使われてきた。これが一般消費財・サービスにも転用され、売り上げが伸び悩む理由づけとして都合よく使われるようになった。

筆者自身もすでに40代で、若者が考えていることは正直分からない。ただし、団塊の世代が20代だった1960~70年代や、筆者もその一群である第2次ベビーブーマー世代が20代だった1990年代と比べると、少子化が進んだ今の20代は、その存在がかなりマイノリティーであり、そこに同じような消費を求めることは、相当に酷である。

そして、不振の原因を若者のせいにすることは、転じてインターネット、スマートフォンのせいに発展していく。スマホ、SNSを通じてコミュニケーションを図り、ファンになってもらおうとする企業のマーケティング担当者が、「若者の○○離れ」などと言っていてはダメなのではないか。これが本書を執筆する最初のきっかけである。

当初、コードネーム「○○離れのウソ」で企画していたが、テレビの情報番組で連日、事件報道が続き、何かとキレる若者が連呼されているのが気にかかった。詳しくは本書の2章をお読みいただきたいが、「キレる若者の増加」は相当に誤解がある。

急増または急減を示すわかりやすい数字や、センセーショナルな出来事によって思考が固定化され、特定層を「戦犯」に仕立てて批判、攻撃するのはかなり危険だ。

そこで、不当な評価を受けていたり、根拠に乏しい数字が独り歩きしていたりするケースをさまざまなジャンルから寄せ集め、僭越ながら解説を試みた。

第1章では、本書執筆のきっかけである「若者の〇〇離れ」のウソについて。第2章ではイメージだけでレッテルを張られてしまっているケースを挙げ、その誤解を解いている。第3章では、過去の数字と比較することを通じて、印象と評価が違ってくるケースを挙げた。第4章以降、因果関係と相関関係を混同していると思われるケースなど、計30の事例をケーススタディ型の読み物としてまとめてみた。各章をつなぐコラムには、若者層へのアプローチに成功した企業事例やデータを盛り込んでいる。

統計の専門でもない一介の記者が分をわきまえずに書き連ねたが、本書を通じて数字の見方に何らかの気づきが得られたら幸甚である。

２０１６年10月

日経デジタルマーケティング 記者　小林直樹

contents

はじめに 3

## 第1章 巷にはびこる「若者の○○離れ」のウソ 13

海外旅行離れ 「内向き志向」「ネットで〝行った気〟に?」若者が海外旅行に行かなくなったのは本当か? 14
ビール離れ 上司が飲みに誘っても来ない、ノンアル人気…若者は本当に「酒」を飲まなくなったのか? 18
恋愛離れ 「交際経験なし」の20代未婚男性、たった3年で1・7倍増は本当か? 24
政治離れ 8歳選挙権スタート、20代の低投票率に懸念の声 最近の若者は「政治」に興味がないのか? 32
クルマ離れ ドライブデートに憧れナシ? 若者はクルマに夢を見なくなったのか? 38
果物離れ 皮をむくのが面倒? 酸っぱいのが苦手? 果物を食べない若者が増えたのは本当か? 44
新聞離れ 若い層だけで中年世代も新聞を読んでいない? ならば新聞社にリリースを送るのはムダか? 50
コラム1 【ガリガリ君】10年で売り上げ3倍増、赤城乳業の話題作り戦術 58

第2章　イメージでレッテルを張るのはやめよう　63

保育園建設　建設が決まっても地域住民との調整が難航　「反対」しているのは中高年のオヤジか？　64

傷害事件　ワイドショーでは連日、残虐な事件報道　「キレる若者」は教育のせい？　社会のせい？　70

ネトウヨ　書店に並ぶ嫌韓中本、荒れるネット投稿　若者は「右傾化」してしまったのか？　76

コラム2　【石田三成】滋賀県発ゆるすぎる動画100万回再生、若い女性が来県　82

第3章　過去と比較せずに結論づける愚　87

インバウンド　ラオックス、営業利益9割減、訪日観光客向け商戦は「爆買い」終了で崩壊したか？　88

味覚調査　3割の子どもが味覚を正しく認識できない　子どもの味覚に「異変」は本当か？　94

プロ野球　地上波で巨人戦が放映されなくなって久しい　プロ野球は「昭和の遺物」「オワコン」か？　98

AKB48　知らないメンバーだらけの国民的アイドル　グループの人気はいつがピークだったのか？　104

コラム3　【インスタ】20代女性、インスタグラムで検索から購入へ　110

## 第4章　増えた（減った）理由は他にないか？　115


喫茶店　店舗数は1981年のピーク時から半減　チェーン店全盛、個人経営店は時代後れか？　116

リリース　年間のプレスリリース配信本数は月曜が少ない　メディアに載るためには月曜配信が穴場か？　120

英語教員　英検準1級、TOEIC730超の教員は3割　このレベルでグローバル人材教育は可能か？　126

東京五輪　佐野エンブレム案は撤回、仕切り直しに　見直し派が8割超では巻き返しは不可能か？　132

コラム4　【中央競馬】女性ファンを競馬場に呼び込んだ「ウマ女」施策　140


## 第5章　因果関係なのか、相関関係なのか？　145


妊娠出産　マンション高層階で流産経験率が高い？　出産を考える夫婦はタワマン避けるべきか？　146

酒の効用　えっ、飲酒をやめると早死にするって本当？　ならば節酒せずにこれまで通り飲むべきか？　150

コラム5　【じゃがりこ】ファン1万人弱が在籍、開発商品が定番品の1.5倍売れた　154

## 第6章　その結果が出た算出方法を確認しよう　159


大学　週刊ダイヤモンド「使える人材輩出大学」　ワースト1位 法政大学は本当か？　160

婚活　婚活名著『普通のダンナがなぜ見つからない？』「普通の男」はたった0・8％しかいないのか？　164

開票速報　国政選挙や都知事選などの開票速報番組　なぜ開票率数％で「当確」が打てるのか？　168

ヘッドライト　夜間横断中の歩行者死亡事故、96％がロービーム　ハイビームなら事故は防げるか？　172

イントロ　ゲス極6秒、セカオワ3秒、ヒット曲のイントロが短縮化　では昔のヒット曲は長かったか？　176

ビジネスホテル　「えっ、室料が素泊まりで1泊2万円？」　アパホテルは一流高級ホテルに鞍替えしたか？　180

SNS　LINEの次に利用率高いSNSはグーグルプラス？　総務省の情報通信メディア調査に驚きの声　184

コラム6　【メンズコスメ】ブランド離れた若者を20年越しで奪還したマンダム「ルシード」　188

第7章　ネット上の「声」に耳を傾けてみる　193

CM炎上　矢口真里出演「カップヌードル」CMが放映中止　クレームが何本あったら対策を取るべきか？　194

缶コーヒー　キリンの缶飲料「別格」シリーズ、1年で撤退　200円の高級路線は無理があったか？　204

コラム7　【コンタクトレンズ】あえて読みにくい屋外広告で興味喚起した「アキュビュー」　210

第8章　見出しにつられるなかれ　215

スマホ　スマホで「出会い」被害、前年比1・5倍増　スマホは児童ポルノ事件の温床なのか？　216

集団的自衛権　朝日「反対56％」、読売「容認71％」の謎　本紙の主張に合う読者に調査してるから？　220

コラム8　【ボンカレー】テレビCM撤退、広告宣伝費6割減でも売り上げ増　226

## 終章　数字にダマされないために　231

メディアは「珍しいこと」「意外なこと」を報じたがる　232

過去に遡って比べることで現状を把握する　234

人があまり行かない場所に足を運んでみる　236

おわりに　238

第1章

# 巷にはびこる「若者の○○離れ」のウソ

海外旅行離れ

# 「内向き志向」「ネットで〝行った気〟に？」若者が海外旅行に行かなくなったのは本当か？

若者の3大「○○離れ」といえば、海外旅行、ビール、クルマ、あたりだろうか。ではまず海外旅行から始めよう。

若者の海外旅行離れが深刻、というフレーズを耳にするようになって10年ほど経つ。法務省「出入国管理統計統計表」によると、20代の年間出国者数は、ガイドブック「地球の歩き方」が発売された1979年に100万人を超え、以降順調に右肩上がりに増え続けて1996年には463万人に達した。だがこれをピークに下り坂に転じ、2015年は253万人あまりにまで減少している。90年代、日本からの出国者に占める20代の割合は27～28％台で推移していたが、今や15%台に落ち込んでいる。つまり、渡航先で遭遇する日本人旅行者は中高年が増え、若者の姿を見かける機会が減った、ということだ。

沢木耕太郎の小説「深夜特急」に感化されてリュック一つで旅するバックパッカーに憧れた世代からすれば、海外に興味を持たない若者が理解しがたく、「内向き志向」「スマートフォンの影響」などと理由づける。ＪＴＢの幹部も、文藝春秋誌上で「こころの鎖国を憂う」と若者に苦言を呈していた。若者は本当に海外に興味がないのだろうか？

若者の「海外旅行」離れ？

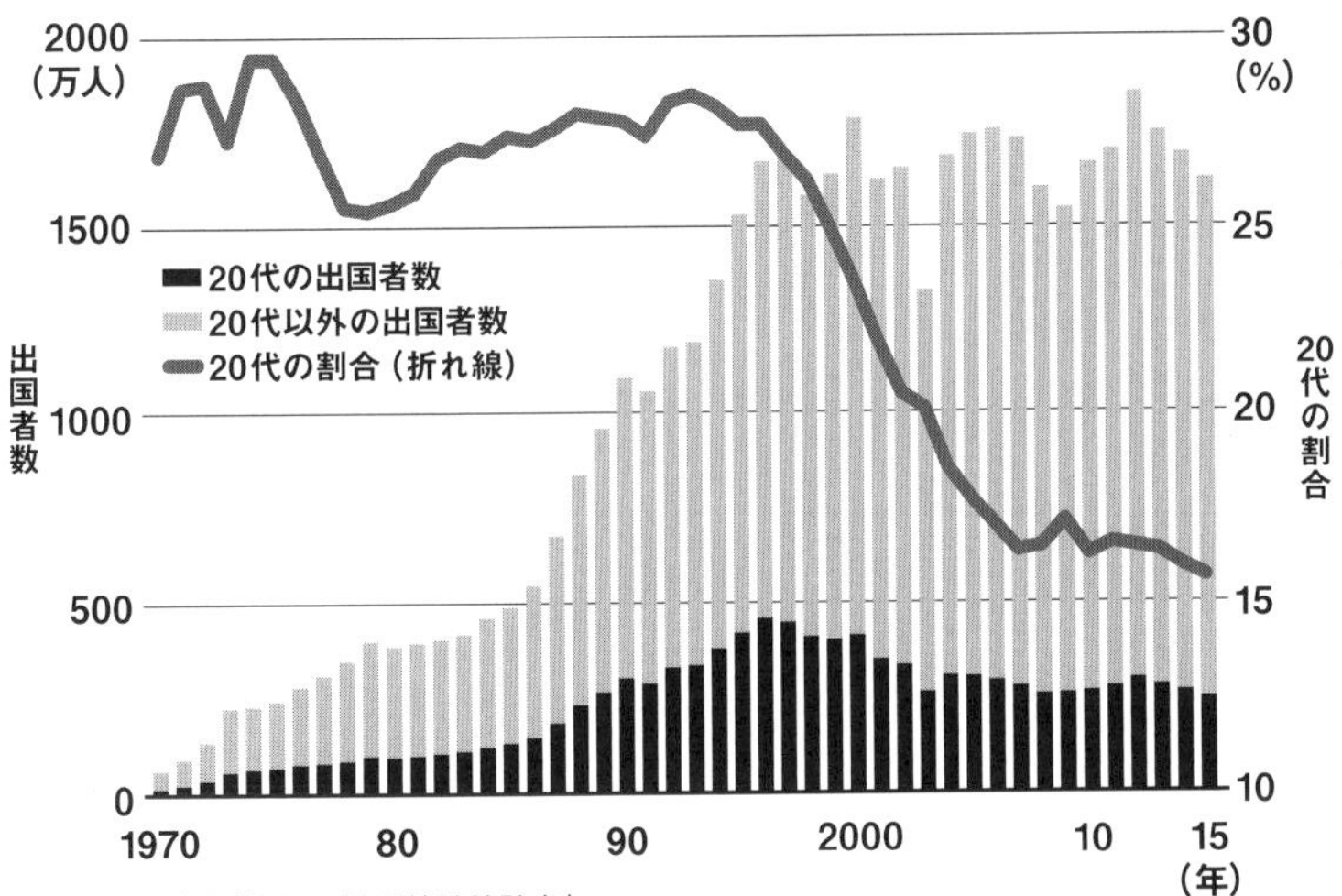


出所：法務省「出入国管理統計統計表」
http://www.moj.go.jp/housei/toukei/toukei_ichiran_nyukan.html

本当は…

## バブル期の学生よりは「海外旅行」行ってます

463万人もいた20代の年間出国者が200万人以上減って253万人に、45％減と聞けば、脊髄反射的に「それは由々しき事態だ」と思ってしまいがちだ。

その前になぜ1996年が多かったのかを考えてみよう。96年に20代だったのは、1967～1976年生まれで1900万人を超えていた。70年代前半生まれの第2次ベビーブーマーが含まれる、人口が多い世代だ。丙午で出生数が少なかった1966年生まれが30歳になって、20代から外れた年でもある。20代人口が多いのだから、当然20代の出国者も多くなる。

一方、2015年の20代は1986～1995年生まれで1274万人。96年の20代の3分の2の規模だ。合計特殊出生率が過去最低を記録して1.57ショックと呼ばれたのは1989年のことで、少子化が社会問題になった世代である。20代人口が少ないのだから、当然20代の出国者も少なくなる。

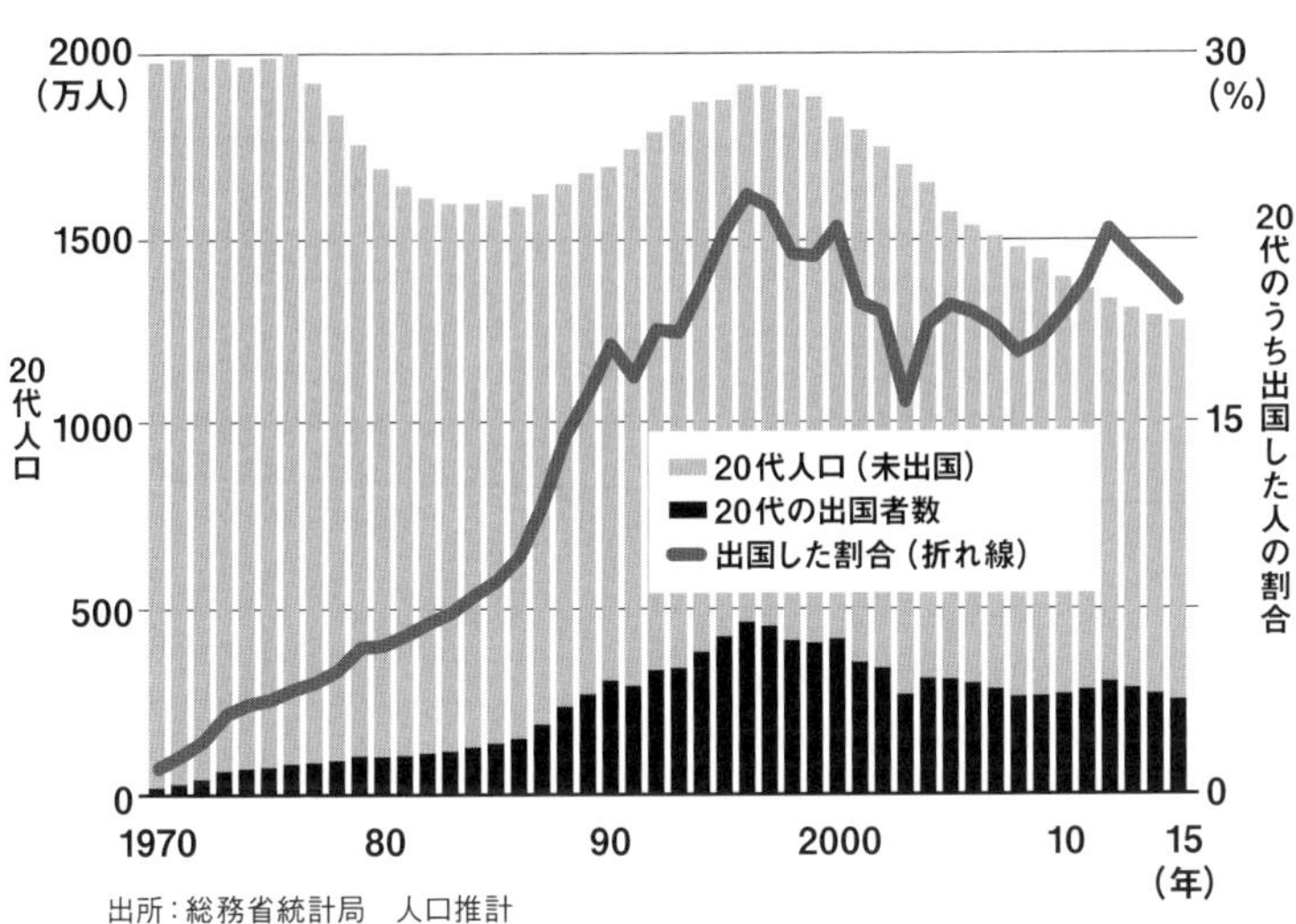


出所：総務省統計局　人口推計
http://www.stat.go.jp/data/jinsui/2.htm

海外旅行離れしているかどうかを見極めるには、そのときどきの20代人口に占める20代の出国者数を計算すればいい。すると、96年は24％、２０１５年は20％となる。やや現象という程度だ。そして１９８０年代後半のバブル期は15％前後で、好景気だったわりに２０１５年よりも一段と低い。１９８６年以前は１ケタ％だ。「俺たちが若いころは」と言う世代ほど、口先だけで実際には海外に行ってなかったことになる。

「若者の○○が減っている」と聞いたら、まず単純に人口減の影響がないか、確認するようにしたい。

ビール離れ

# 上司が飲みに誘っても来ない、ノンアル人気…若者は本当に「酒」を飲まなくなったのか？

続いて「ビール離れ」について採り上げる。ビール大手5社が2016年7月に発表したビール類（ビール、発泡酒、第三のビール）の2016年上半期（1～6月）の出荷量は、前年同期比1・5％減の1億9278万ケース（1ケースは大瓶20本換算）で4年連続のマイナスになった。上半期としては過去最低を更新している。

ビール系飲料の市場は1994年をピークに20年でざっと25％減っている。ビール大手1社分の販売量が消えてしまった計算だ。94年はほぼビール単体なので、ビールのみで比べると2015年は実に4割を下回る水準だ。その元凶とされているのが、高齢化、そして若者のビール離れである。

「会社の飲み会で一杯目からビールではなく、自分の好きなカクテルやソフトドリンクを勝手に頼む若手社員。乾杯のときくらいビールにできないものか」。管理職世代からはこんな嘆きが聞こえてくる。

一方、ネットのQ&Aにはこんな質問が上がっていた。「勤務時間外はプライベートタイム。職場での飲み会には極力参加したくない。実質、業務命令なのに残業手当がつくどころか、飲み代を請求されて理解できない」。やはり今後もビール離れ、アルコール離れは不可避か?

**ビール市場は20年前の4割を切る水準**

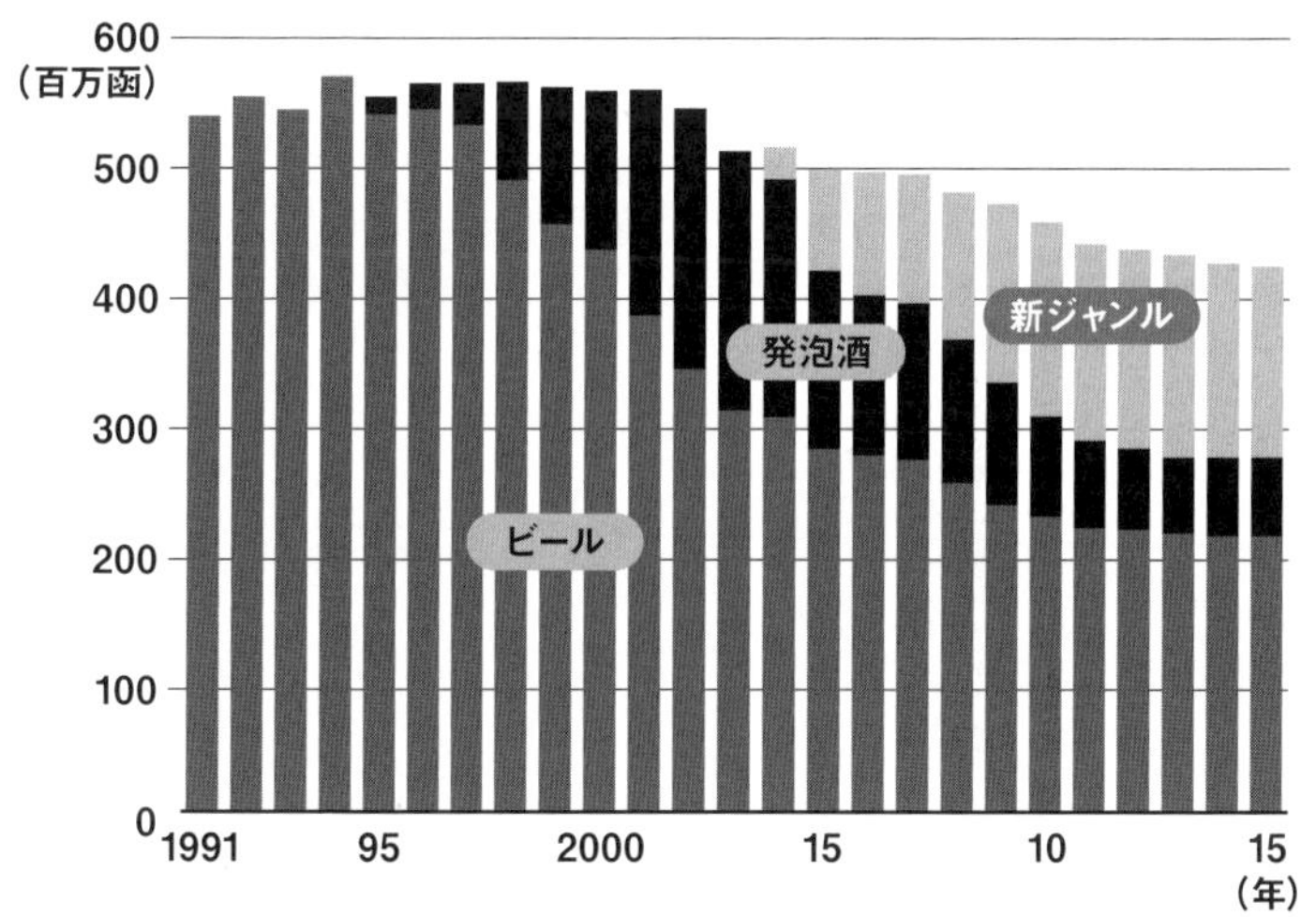


出所：アサヒグループホールディングス「FACTBOOK2016」
単位：百万函、課税数量ベース

本当は…

# 若者だけでなく、中年男性もアルコール離れ

そんなに若者はビール、アルコールを飲まなくなったのか。いくつかデータを見てみよう。博報堂生活総研が2年に1度定点調査している「生活定点1992-2014」では、飲酒の有無について(2014年)、20代男性は「飲む」が74%。30代の78%、40代の84%と比べれば低いが、日常的に飲んではいる。一方、女性は20代女性が66%で、40代女性の68%に次いで多くなっている。

マクロミルが2015年10月に全国20~50代の男女1万人を対象に実施したアンケートでは、「半年以内にお酒を飲んだ経験」が20代は68・9%。30代が67・4%、40代が69・8%で、若者が特に低くは出ていない。

週3日以上飲酒し、1日1合(ビール中瓶1本)以上飲酒する人を「飲酒習慣者」としてその割合を調査している厚生労働省の「国民健康・栄養調査」では、20代男性は2004年の18・0%から2014年には10・0%に大きくダウンしている。

　ただしこれは若者に限った話ではない。飲酒習慣者は30代男性も２００４年の36・１％から10年後は27・６％へ、40代も同48・７％から40・９％へと割合が減っている。増えているのは40代以上の女性と60代男性である。

　かつての20代の若者と比べれば、確かに若者のビール離れ、アルコール離れが起きているのは事実。ただし30～50代男性でも飲酒習慣者の割合は減っており、アルコール離れは若者だけに限った話ではない、と言うことができる。考えてみれば、少子化で人口自体が減っている20代がアルコール離れしただけで、ビール類の市場がこれほど大幅減に見舞われることはないのだ。

　アルコール離れは法規制の厳格化によるものも大きいのではないか。筆者が学生だった１９９０年代

「飲酒習慣者」の割合の推移

男性

| | 2004年 | 2009年 | 2014年 |
|---|---|---|---|
| 20代 | 18.0% | 13.4% | 10.0% |
| 30代 | 36.1% | 32.4% | 27.6% |
| 40代 | 48.7% | 45.2% | 40.9% |
| 50代 | 51.0% | 48.7% | 46.2% |
| 60代 | 42.4% | 43.4% | 44.4% |

女性

| | 2004年 | 2009年 | 2014年 |
|---|---|---|---|
| 20代 | 6.0% | 4.9% | 2.8% |
| 30代 | 12.0% | 11.6% | 11.6% |
| 40代 | 11.0% | 13.2% | 16.0% |
| 50代 | 8.5% | 8.7% | 12.6% |
| 60代 | 5.1% | 4.8% | 7.8% |

出所：厚生労働省「国民健康・栄養調査」
飲酒習慣者＝週3日以上飲酒し、1日1合（ビール中瓶1本）以上飲酒する人

前半はまだ、18〜19歳の大学1〜2年生が居酒屋で年齢確認を求められることもなく、店側に指導が入ることもなく、実質的に大学入学時点でアルコール解禁状態だった（下戸の私には関係のない話だが）。満20歳未満の飲酒を禁ずる未成年者飲酒禁止法はザル状態で、第2次ベビーブーマー世代が高校を卒業して学生または社会人になった1990年代前半は、「違法」な売り上げが相当のボリュームで立っていたことになる。

年齢確認が厳格化されることで、新歓コンパで18歳の学生が救急車で運ばれたり、不幸にも命を落とすような事件事故は以前より減った感がある。一方で学生の飲み会は20歳で分断され、3次会、朝までと際限なく飲むような飲み方はめっきり減った。その世代がすでに社会人になっているのだから、飲み方が変わるのも当然だ。

2006年に福岡市・海の中道大橋で飲酒運転によっ

**リキュールや果実酒など多様化、ウイスキーも復活**

| | 2004年 | 2009年 | 2014年 |
|---|---|---|---|
| 果実酒 | 225,543 | 240,116 | 350,670 |
| 甘味果実酒 | 8,343 | 8,041 | 10,019 |
| ウイスキー | 87,965 | 83,563 | 118,070 |
| リキュール | 691,903 | 1,494,755 | 1,979,359 |
| スピリッツ等 | 59,185 | 191,523 | 318,871 |

（単位：キロリットル）
出所：国税庁「酒のしおり」酒類販売（消費）数量の推移表（2016年3月）

て3人の幼児が死亡した事故以降、飲酒運転撲滅に向けた動きも強化され、ドライバーにはアルコールを提供しない取り組みも定着している。こうした規則の徹底は、アルコール消費量からみればマイナス要因である。規制が緩かった時代と比べて嘆いても仕方ないだろう。「とりあえずビール」が廃れても、それに代わるヒットの芽は常にある。

クラフトビール大手のヤッホーブルーイング（長野県軽井沢町）がローソン限定で扱う「僕ビール、君ビール。」が好調と聞く。RTD（レディー・トゥー・ドリンク）と呼ばれるチューハイやカクテル、ハイボールなど低アルコール飲料の市場は、2015年が前年比9％増で8年連続で伸びているという。

「SNS映え」も市場開拓のヒントになる。キリンの「一番搾り フローズン〈生〉」は、シャリシャリとした氷点下5度の泡が「新食感」として話題を集めたが、目立ったのはそのSNS投稿だった。ソーシャルメディアマーケティング支援のトライバルメディアハウス（東京都港区）の池田紀行社長は、「ソフトクリームのような形状の泡がのっかっている、それ自体がユニークで、『撮影してみんなに見せたい』という、人に伝えたくなる商品特性を兼ね備えていたのが勝因」と説明する。

若者のせいにするのではなく、知恵を出すことだ。

恋愛離れ

# 「交際経験なし」の20代未婚男性、たった3年で1・7倍増は本当か？

18〜34歳の未婚者のうち、男性の69・8%、女性の59・1%は交際相手がいない……。これは2016年9月、国立社会保障・人口問題研究所の出生動向基本調査で明らかになった数字だ。5年前の前回が男性61・4%、女性49・5%だったので、着々と増加している。「異性との交際を特に望んでいない」男性も、前回の27・6%から30・2%になった。恋愛離れの傾向があること自体は間違いなさそうだ。

しかしそれを過度に煽るような調査結果も出回っている。それを検証してみたい。

「20代男性の53・3%が『交際経験なし』」。2016年6月下旬、こんな記事タイトルのニュースが各Webニュースメディアで掲載され、驚きの声や「時代が俺に追いついた」など自虐のツイートがネット上を飛び交った。

元ネタは、明治安田生命保険グループのシンクタンク、明治安田生活福祉研究所が、20~40代の恋愛と結婚について同年2月に実施した「第9回　結婚・出産に関する調査」の結果である。ちなみに3年前の2013年2月実施の調査では30・2%だった。1・7倍増にインパクトがあったためか、このニュースはNHK「おはよう日本」、日本テレビ系の「スッキリ」「ZIP!」などでも採り上げた。

この数字、どう考えるべきか?

明治安田生活福祉研究所が2016年2月に実施した調査の結果を、多くのWebニュースメディアが報じた

本当は…

## 交際経験あり→なしに変わらないので計算が合わない

明治安田研は2005年から結婚・出産に関する意識調査を継続的に実施している。今回の調査結果については、「23・1ポイント上昇、1・7倍にもなっています」とグラフ入りでレポートしていた。この激変ぶりに各Webニュースメディアが飛びつき、テレビも追随した。

だがちょっと待ってほしい。交際経験なしが3年で20ポイント以上も増えたというのは本当だろうか。それほど急激に増えたということは、この3年で若者を取り巻く環境に何か変化があったのか。そもそもたった3年で「交際経験なし」が20ポイント以上増えることなど起こりうるのか。そんな観点で数字を見直す必要がある。

まず確認すべきは調査概要だ。同調査は、2005年の第1回から2007年の第3回までが郵送調査、2008年の第4回からWebアンケート調査に切り替えてマクロミルの登録モニターを対象に実施してきた。それが今回は、クロス・マーケティングの登録モニターに切り替わっている。

市場調査会社サーチライト（東京都豊島区）社長でリクルート住まいカンパニー住まい研究所の主任研究員を務める志村和明氏は、次のように苦言を呈する。

「調査会社を変更して検証もせずに時系列比較するのは、社内的なリサーチ資料ならともかく、10年に及ぶ定番の調査としては不適切で、リサーチリテラシーを問われる問題。今回のような数字の変動があった場合は、社会的な影響も大きいため、その項目の発表は差し控えるべきだったのではないか」

**20代未婚男性の「交際経験なし」がわずか3年で激増の怪**

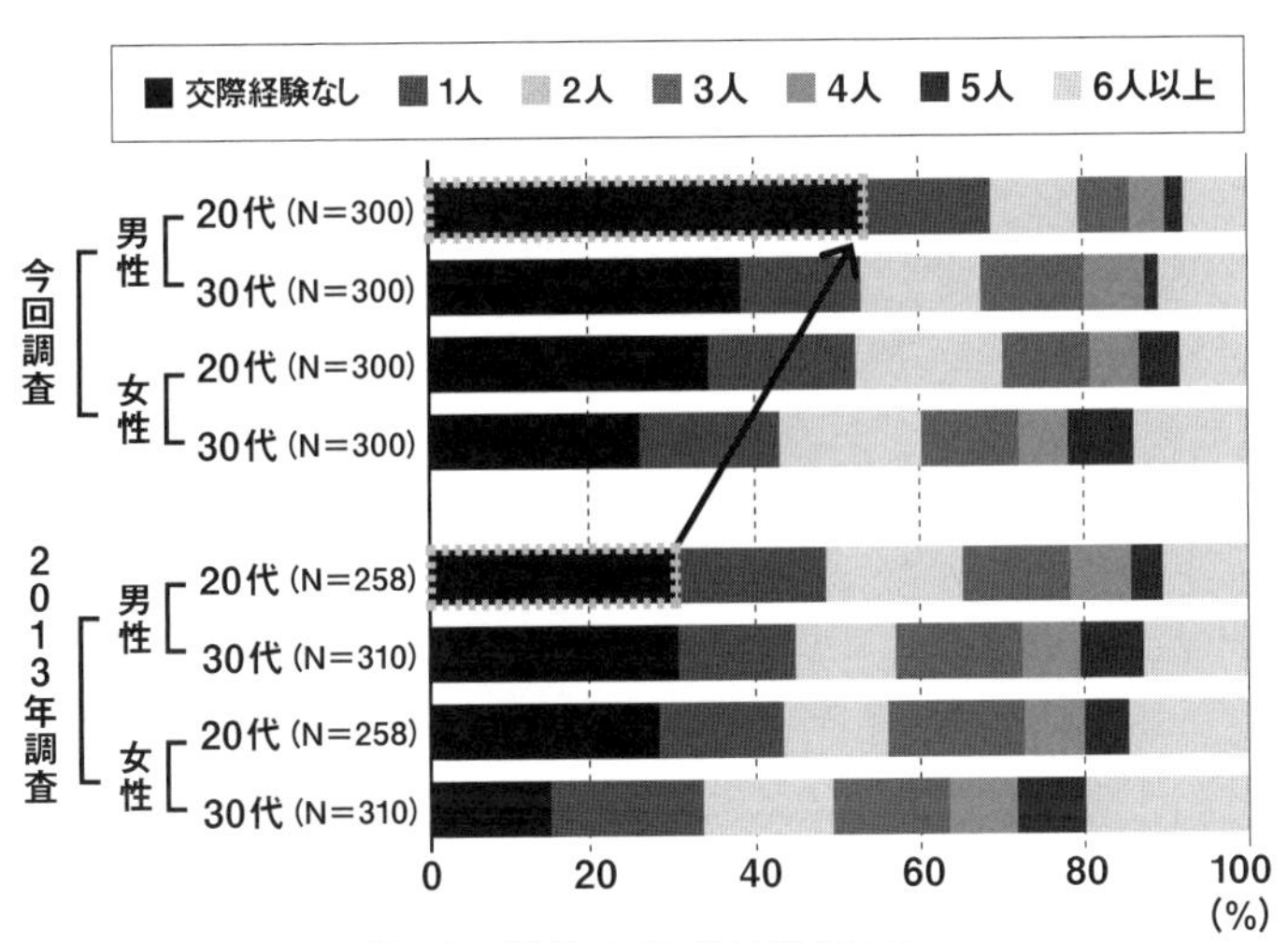


出所：明治安田生活福祉研究所「結婚・出産に関する調査」より

ほかにも問題がある。調査概要の回答者数に目を向けると、3年前の調査では20代前半の未婚男性が103人、同20代後半が155人と、20代後半の回答者が厚くなっているのに対し、今回の調査では20代前半・後半ともに150人ずつ。両調査とも補正はかけておらず、20代の年齢分布が異なる状態で比較していた。

この点を明治安田研に質したところ、「今回のデータを前回に合わせて補正をかけたところ、53・3%から52・5%へ0・8ポイント低下するが、傾向に変わりはない」との回答があった。

しかし、ここでさらに疑問が浮かぶ。20代後半より「交際経験なし」が多いであろう20代前半の回答者数を減らしても、交際経験なしの割合がわずかしか減らない。ということは、交際経験は年齢を重ねるごとに急激に増えるのではなく、非常にゆるやかな伸びであることを意味する。ちなみに今回調査の「交際経験なし」率は、20代前半が57・3%、20代後半が49・3%。3年前は20代前半が34・0%、20代後半が27・7%だったという。

## ❖辻褄が合わない変動への対応は？

これらの数字をもとに、20代の「既婚者」「交際経験がある未婚者」「交際経験がない未婚者」の割合を年齢別にシミュレーションしてみた。既婚率（離別・死別の独身者含む）は、2010年の国勢調査（20代前半が平均約6％、20代後半が同約28％）を参照し、20代後半に伸びが加速するように設定。一方の「交際経験なし」率については、特定の年齢で急減する性格のものではないため、20代前半の真ん中に当たる22歳、20代後半の真ん中に当たる27歳がそれぞれの平均値になると仮定して、等間隔で減っていくようにした。既婚率は3年でさらに減っている可能性があるが、そこは変えていない。

グラフを見ると、3年前の20歳は「交際経験あり＋既婚者」で6割を超えるが、

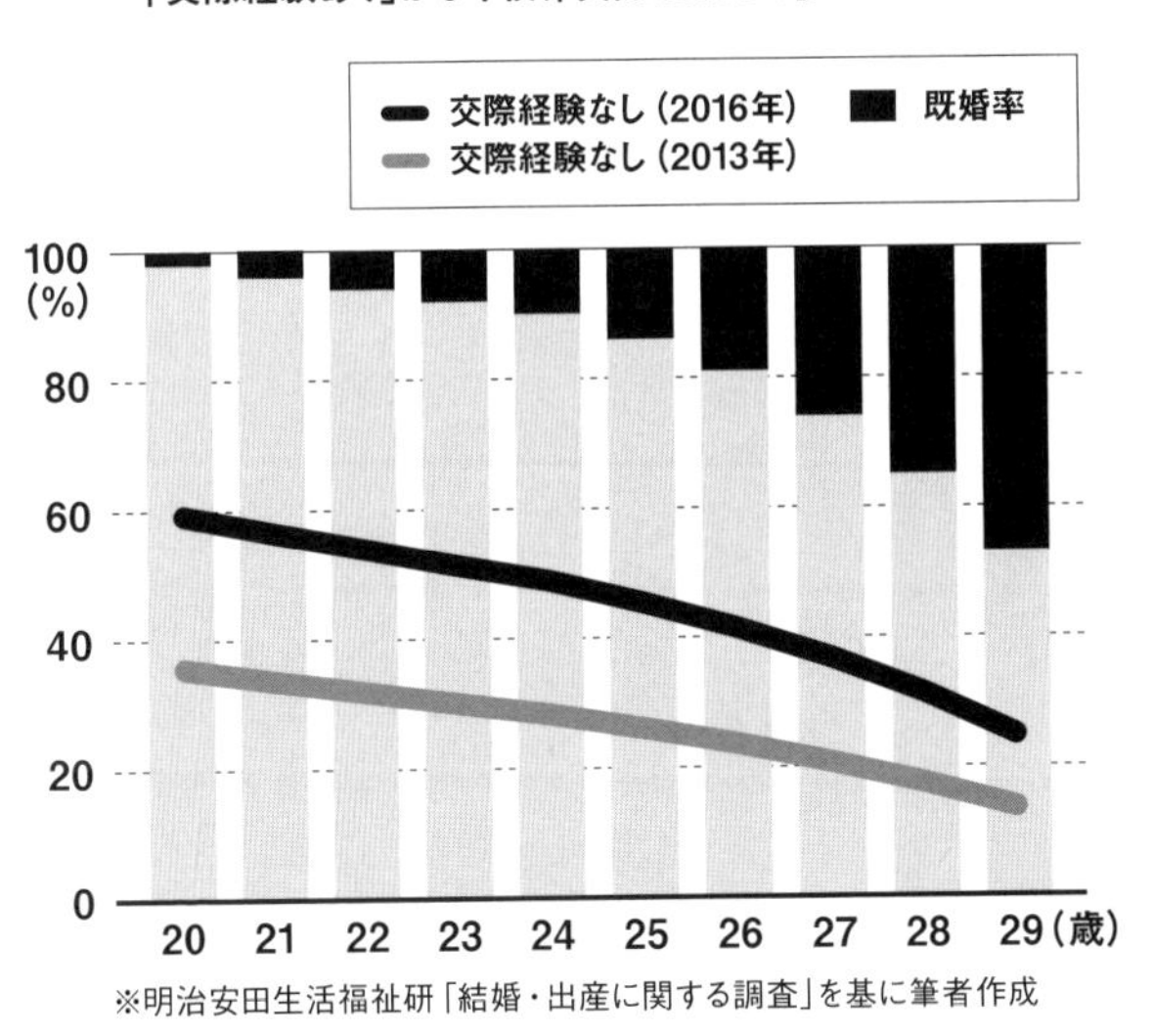

※明治安田生活福祉研「結婚・出産に関する調査」を基に筆者作成

現在の23歳は「交際経験あり＋既婚者」が半数を割る水準だ。当たり前のことだが、交際経験は「なし」から「あり」に変わることはあっても、「あり」から「なし」に変わることはない。したがって、交際経験のある人がその後既婚者となって調査対象から外れたことを加味しても辻褄が合わないのだ。明治安田研は、「前回と今回の回答者が同一ではない、つまり追跡調査ではないため、数値が大きく変動する場合も可能性としてはある」ことは認めた。

## ❖質問次第で回答に積極的な人が変わる可能性

志村氏が指摘する通り、やはり今回ほどの大きな変動が生じている場合は、少なくとも時系列比較は避け、公表する結果を制限し、注釈を付ける、または納得性の高い社会的要因を挙げて説明する必要があっただろう。生命保険会社のシンクタンクである明治安田研としては、晩婚・未婚化でシングルが増えることは保険契約数・額の伸び悩みにつながるため、経営上あまり望ましいことではない。にもかかわらず、「交際経験なし」の増加を囃し立てる方向で露出してみせたのは、不可解さが残る。

今回の交際経験の数字の差は、リサーチ会社を変えたタイミングで生じたが、ではマクロミルのモニターの方が「リア充」が多いのか、どちらがよりその世代の実像に近い代表性のあるモニターなのかを問うことはあまり意味がない。実際、この大手2社の両社でモニターに登録している人は相当数いるため、モニターの性格がまるで違うとは考えにくい。それよりも、設問の内容や回答の環境によって、回答の傾向が変わりうるものであることは知っておいた方がいいだろう。

例えば、交際経験のある・なし以外にも前回とは異なるさまざまな質問をしているため、それが交際経験がない人にとって前回より回答しやすい内容か否かで、歩留まり（回答完了率）が変わる可能性がある。また設問が大量にある場合、それでも最後まで完答してくれる人は、マメな性格だったり、あるいは謝礼へのこだわりが強かったりするかもしれない。仮にスマートフォンから非常に回答しづらい画面で、スマホからの回答者が軒並み途中離脱し、回答者の大半がＰＣ経由だったとしたら、一般の20代の傾向から乖離した結果が出てくるだろう。こうした設内容問や回答環境で、何らかのバイアスがかかって表れる可能性があるのだ。

政治離れ

# 18歳選挙権スタート、20代の低投票率に懸念の声
# 最近の若者は「政治」に興味がないのか?

「若者の政治離れ」も言われるようになって久しい。若者層の低投票率を嘆く声である。２０１４年12月の衆院選は、60代の投票率が68・28％だったのに対し、20代は32・58％と半分にも満たなかった。この衆院選では、小学生を装って大学生が開設したサイト「どうして解散するんですか?」が話題になるなど、争点が見えづらかったこともあり、全体の投票率も52・66％とさえない結果ではあった。

では争点が明確なら若者も投票に出向くかというと、その足は鈍い。２００９年の政権交代選挙は、全体の投票率が69・28％とほぼ7割に達したが、20代の投票率は50％を切った。

２０１６年７月の参院選は、選挙権年齢が18歳以上へ引き下げられてから初めて実施された国政選挙で、その数字が注目された。全体の投票率は54・70％と伸び悩んだが、18歳の投票率は51・28％と過半数に達し、高校などでの主権者教育の成果が出た格好だ。一方、19歳は親元に住民票を残したまま地方の大学に通っている人が少なからずいるといった事情もあり、10代の投票率は46・78％だった。18歳選挙権で20代が奮起したかといえば、さにあらず。20代は35・60％、30代も44・24％で、10代に敗北を喫した。情けない話だが、教育によって変わる可能性も見えた。若者の政治離れ、どう考えるか？

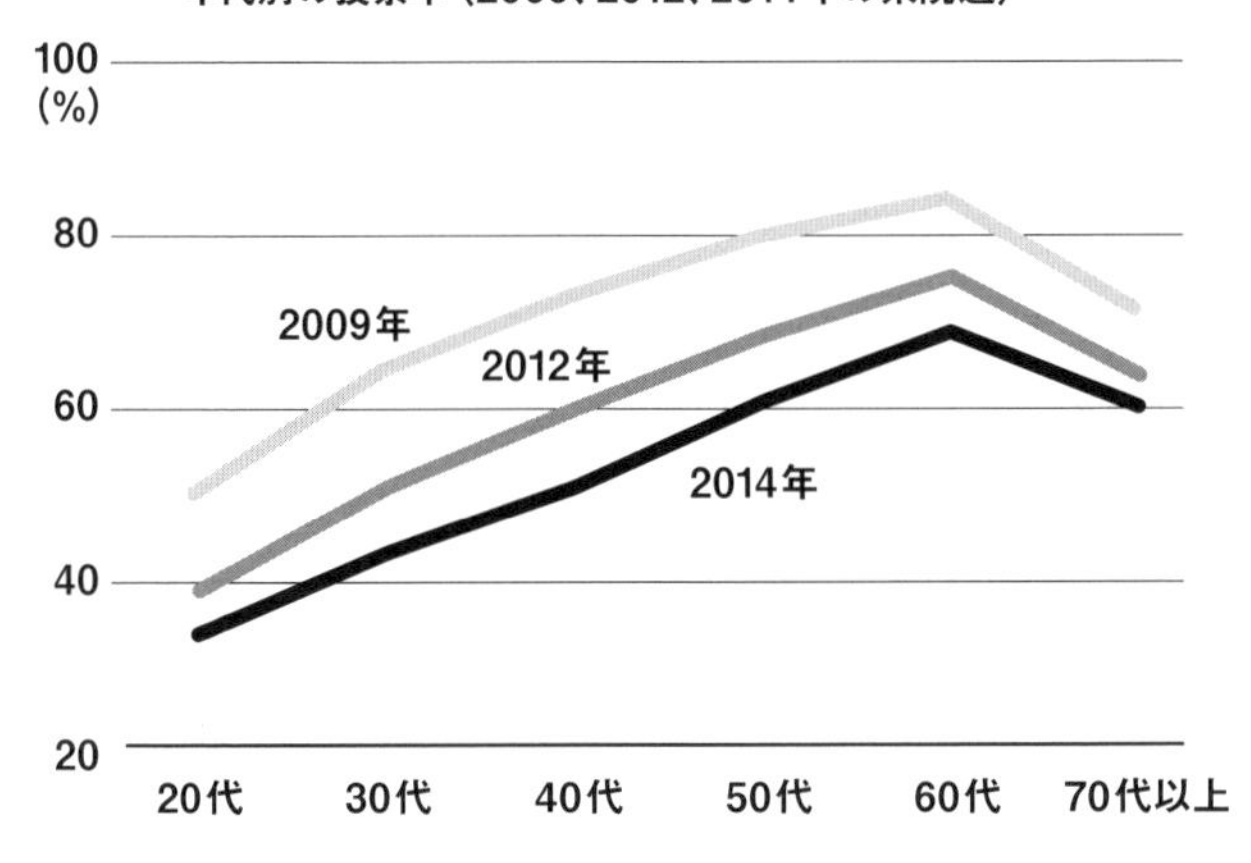

出所：総務省「衆議院議員総選挙における年代別投票率の推移」

本当は…

## 30～40代の投票率低下の方がより深刻

国政選挙で30％台という20代の低投票率を聞くと、確かに眉をひそめたくはなる。年代別投票率で最も高い60代を率いる団塊の世代からすれば文句の一つも言いたくなるだろう。彼らが20代だった1972年、1976年の衆院選は、20代の投票率は60％を超えていた。

しかしちょっと角度を変えて数字を見ると、「いつの時代も若者の投票率は低いものだ」という見方もできる。団塊の世代が20代だった70年代当時、40～60代の投票率は82～84％と高く、20代は20ポイント以上引き離されていた。言ってみれば、テストで80点台を取る生徒がザラにいるのに20代は60点超がやっと。当時の水準では落ちこぼれだったのだ。現在（2014年の衆院選）は、70点台を取る生徒はおらず、平均点が52点のテストで、20代は30点台、といった感覚だ。

これは偏差値化すると把握しやすいだろう。年代別投票率を、20代さんから70代以上さんまで6人のテスト結果と仮定して偏差値化し、その推移をグラフ化してみた。すると20代は、ほぼいつの時代も底辺を這っていることが分かる。90年代半ばから2000年にかけての20代は偏差値30ラインの攻防で確かに低かったが、それ以降は少し回復基調にある。

むしろ問題なのは30～40代だ。かつて30代は偏差値50ラインでかろうじて投票率を上げる側に寄与していたが、ジリジリと低下。最近では偏差値40のラインが近づいてきた。40代も似た傾向だ。60近くあった偏差値がダラダラ下がり、2014年の衆院選ではついに偏差値50割れ。つまり40代が投票率の足を引っ張る側に回ったのだ。働き盛りの30～40代の政治離れは、若者以上に深刻だ。

反対に、一貫して偏差値を上げてきたのが70代だ。2014年の衆院選では50代と互角

**年代別の投票率偏差値の推移**

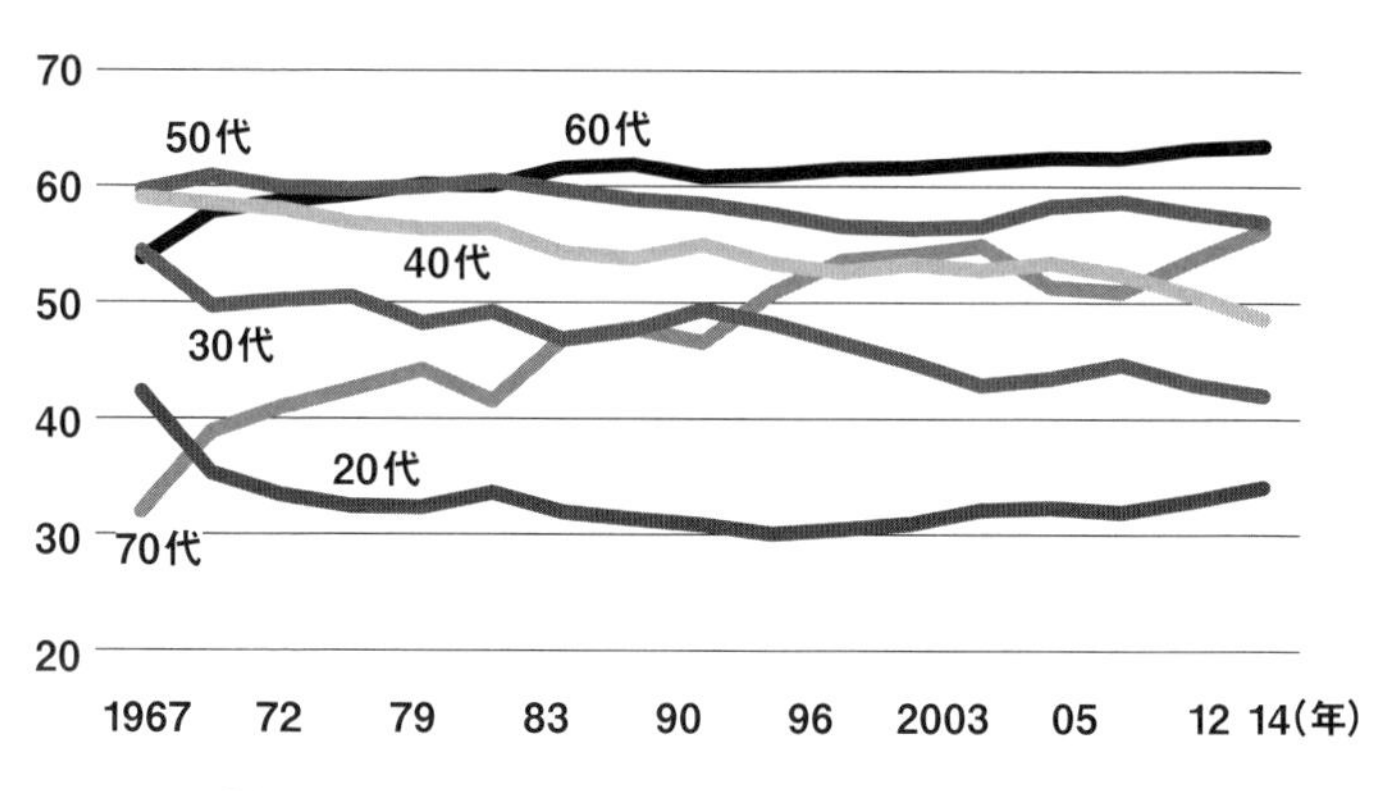


出所：総務省「衆議院議員総選挙における年代別投票率の推移」から、偏差値化したもの

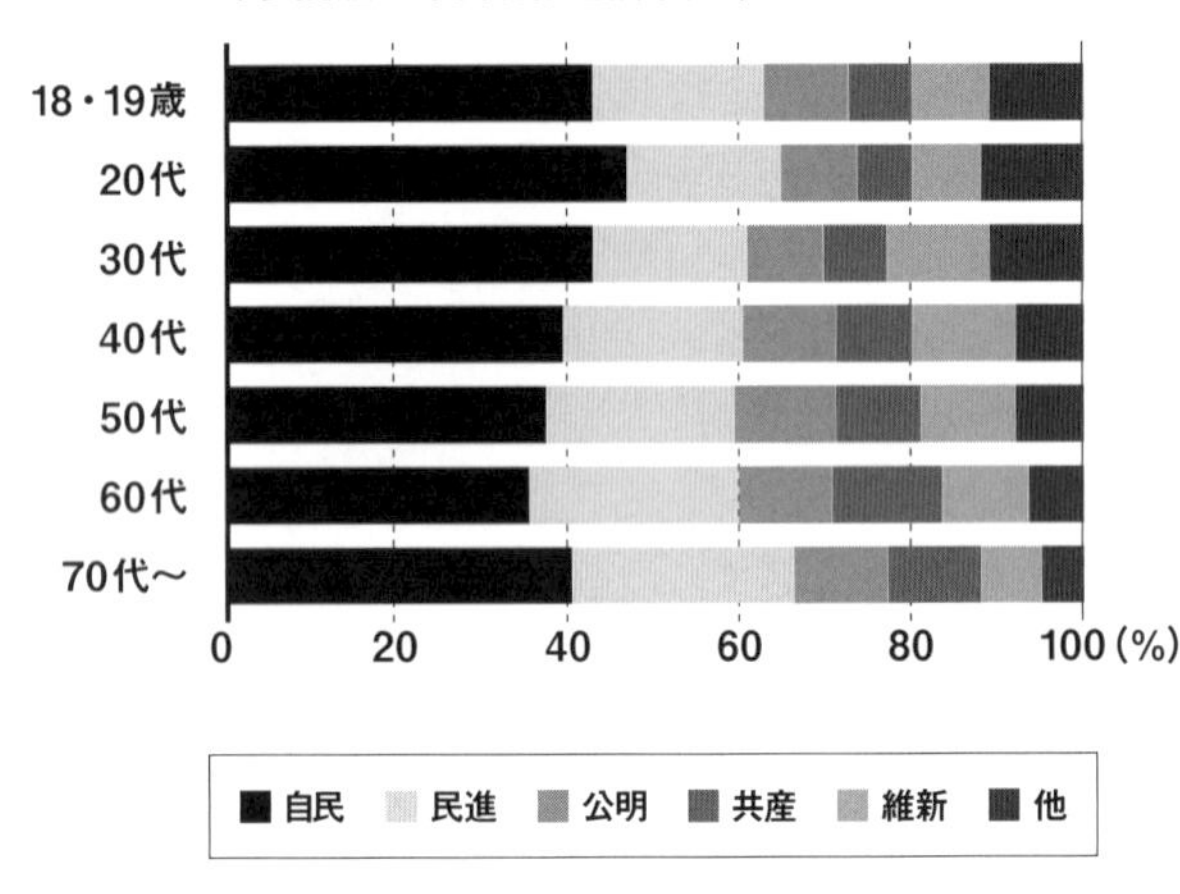


だった。団塊の世代が70代になってもこの傾向は続くだろう。

それゆえ、若者が投票に行かなければ、シニア向けの政策ばかりが優遇されてしまうと、「シルバー民主主義」を懸念する声が上がっている。ただ、これが若者に奮起を促し投票率を上げる材料になるかは未知数だ。

2014年の衆院選時点の60代人口は約1800万人、対する20代は1300万人に届かない。60代が7割投票に行ったら、20代は100％投票に行かなければ互角にならない、そんな「無理ゲー」とも言える現実を知るほど、かえって戦意を喪失してしまいそうだ。またシルバー民主主義は現自公政権に批判的な立場からの声が目立つが、若年層ほど自民

**連合はネット動画で若者にアピール**

投票率が高く、民進党はその受け皿になれていない。２０１６年９月に選出された蓮舫新代表に期待する声は大きいものの、選出直後の世論調査で政党支持率は伸びなかった。

連合（日本労働組合総連合会）は18歳選挙権を睨み、２０１６年の参院選前に投票を呼びかけるアニメ動画で若者向けにアピールした。主義主張は別にして、若者が接するメディアに露出していく姿勢は重要だ。期日前投票者数は大幅に伸びており、投票のしやすさを整えることもプラスに寄与する。国勢調査がインターネット回答できるようになったのだから、オンライン投票にも期待が高まる。若者の政治参加は、ネット選挙解禁ではなく、ネット投票解禁で一気に進むのではないか。

クルマ離れ

# ドライブデートに憧れナシ？ 若者はクルマに夢を見なくなったのか？

「クルマ離れ」という言葉も言われるようになって10年が経つ。日本自動車販売協会連合会（自販連）と全国軽自動車協会連合会（全軽自協）が発表した、2015年度の新車販売台数（軽自動車含む）は、前年比6・8％減の493万7734台で、2年連続で前年度実績を下回り、4年ぶりに500万台を割り込んだ。4年前は東日本大震災があった2011年である。軽自動車の増税の影響で、軽自動車は全ブランドが前年割れとなった。

2016年はどうか。日本自動車工業会は国内新車販売台数の見通しを前年度比1・9％減の484万5200台に下方修正した。消費税率10％への引き上げが再延期される見通しで、駆け込み需要を見込めなくなった。

自動車の業界団体からは、前年割れの統計ばかり聞こえてくる。ちなみに国内販売のピークは、1990年度の780万台だった。

日本自動車工業会が2016年4月に発表した「乗用車市場動向調査」によると、クルマを保有していない10～20代の社会人のうち、「クルマに関心がない」が69%、「購入の意向がない」が59%に上っている。買いたくない理由としては、「買わなくても生活できる」、「駐車場代など今まで以上にお金がかかる」が上位に挙がっていた。若者はもうクルマに憧れはないのだろうか。

新車登録、届出台数の推移

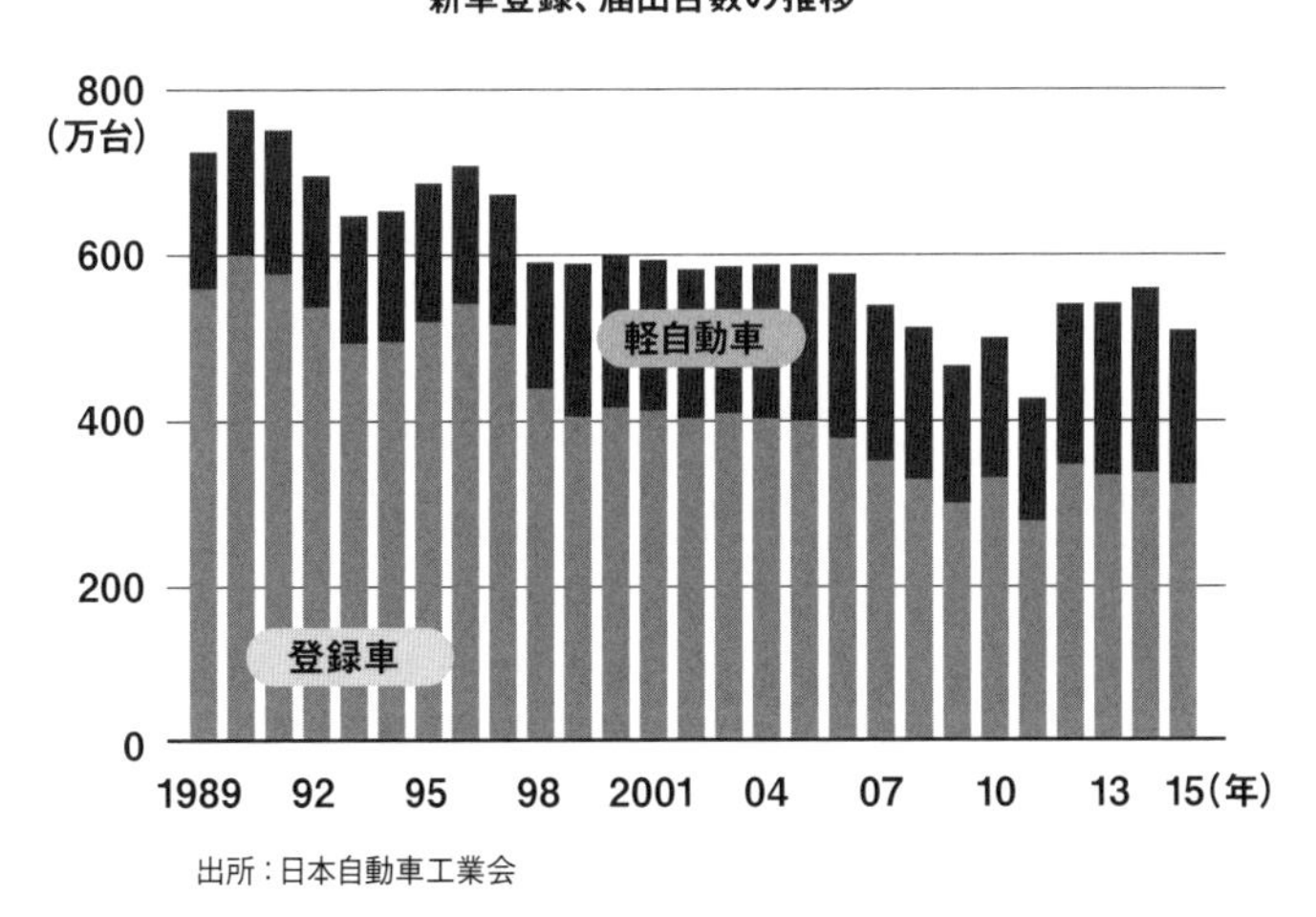


出所：日本自動車工業会

本当は…

## ミドル世代も「趣味は車・ドライブ」が減少

ニッセイ基礎研究所（東京都千代田区）生活研究部の久我尚子主任研究員が、総務省「全国消費実態調査」を基に30歳未満の単身勤労者世帯の「自動車関係費」について、やや古くなるが2009年と1989年を比較したデータがある（『若者は本当にお金がないのか？』光文社新書）。交通・通信費に占める自動車関係費の割合は、男性が63・5％から59・1％にダウン。女性は26・1％から30・9％に増えている。同世帯の自動車保有台数も、男性は減少、女性は微増で、ともに1000世帯当たり400台超の水準で並びつつある。男性の下げ幅が大きい分、かつての20代と比べればクルマ離れは起きているのは確かだ。

ではミドル世代はどうかというと、クルマへの情熱に陰りがみえる。博報堂生活総研「生活定点」調査で、趣味として「自動車・ドライブ」を挙げる人の割合の推移を年代別にみると、急減しているのは20代だが、30～40代も40％前後いたクルマ好きが、30％を切る水準に減っている。ミドルも、クルマを手放さないまでもマインド離れを起こしている。

マインド離れは、クルマの買い替えまでの期間が長くなるといった形で、自動車販売の伸びを抑制する要素になり得る。自動車検査登録情報協会のデータによると、２０１５年の乗用車の「平均車齢」は８・３年。登録したての０歳の新車から10年戦士まで街中を走っているクルマはさまざまだが、その平均年齢が８歳を超えているという意味だ。23年連続で「高齢化」しているという。自動車の性能が向上しているからでもあるが、給与が頭打ちのうえにクルマへの執着も薄れると、買い替え意欲は後退する。

したがって国内の自動車販売の不振は、人口が減っている若者層がクルマ離れしたせいだけでなく、ミドル世代の価値観や生活スタイルの変化も影響している。

趣味は「自動車・ドライブ」という人の割合

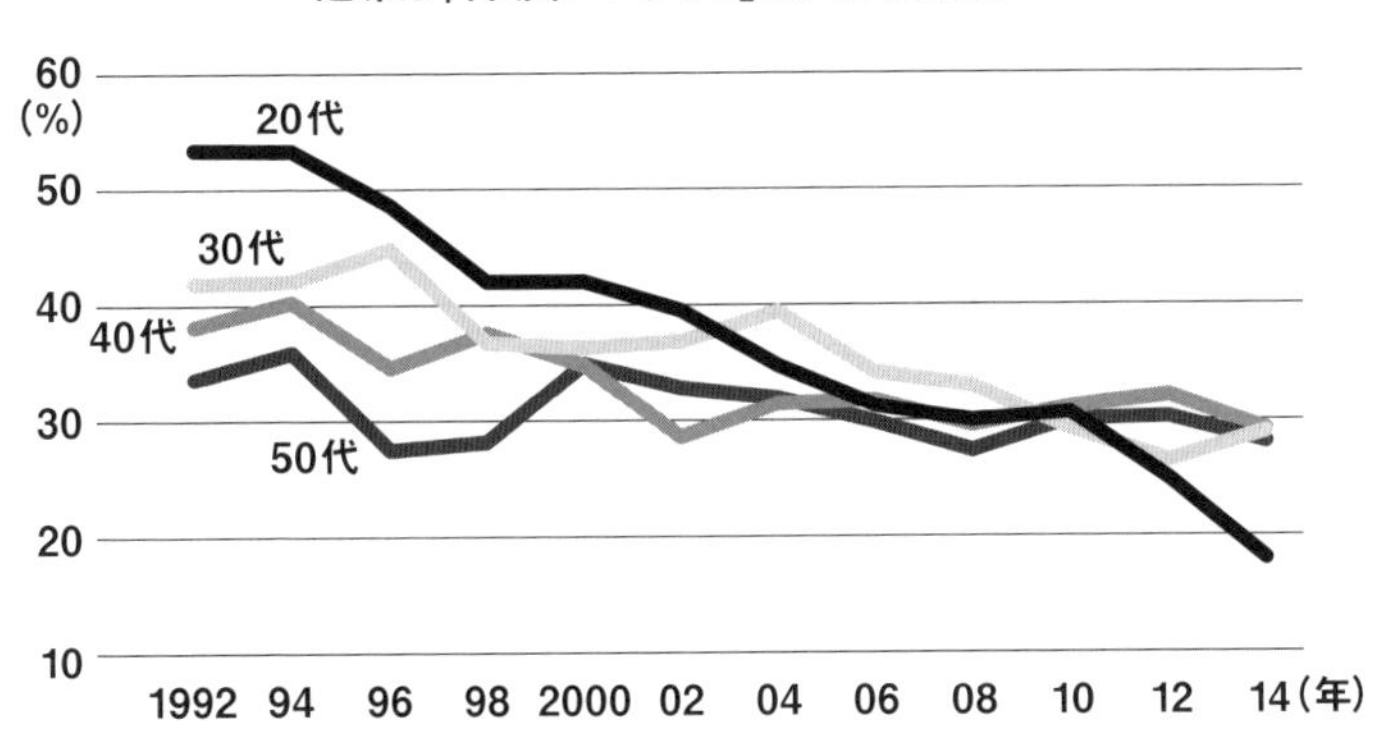


出所：博報堂生活総研「生活定点」調査

電車の年間利用回数とマイカー通勤・通学率：都道府県マッピング

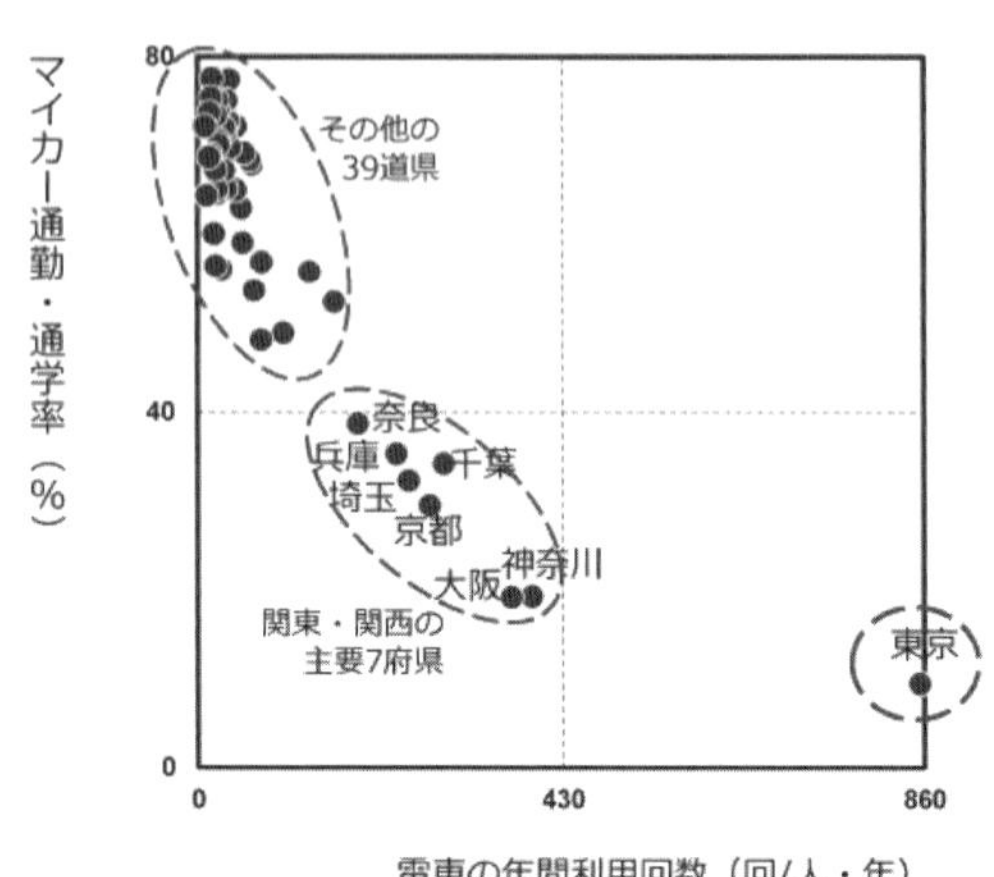


出所：ヤフー「日本は2つの国からできている!?～データで見る東京の特異性～」

自動車については、自分の居住エリアによって見えてくる風景が異なる。所得が伸び悩んで先行き不安があろうとも、生活の足としてなくては始まらない地域ではそう簡単にクルマ離れはできない。

ヤフーの「ビッグデータレポート」チームが2016年3月に公開した、「日本は2つの国からできている!?～データで見る東京の特異性～」は興味深い内容だった。一人が一年間に電車を利用する回数を横軸、マイカー通勤・通学率を縦軸にとった都道府県マッピングは、東京が圧倒的な電車社会であることを図示している。

東京居住者は年間８００回以上、電車に乗っていて、これは神奈川、大阪と比べても倍以上。大半の県はクルマがメーンで電車は年に数十回乗るかどうかだという。

そんな地方から若者の人口移動が起きている。実質、東京圏への一極集中だ。近年では、２００６～08年にかけて毎年10万人以上が東京圏に流入し、そのほとんどが30歳未満の若者だった。クルマが生活必需品の地方から、クルマ要らずで過ごせる東京に若者が移動すれば、たとえクルマ好きでも東京で家賃を払いながらクルマと駐車場代その他を手当するのは難しく、クルマ離れせざるを得ない。そんな姿が浮かび上がってくる。そこに「若者にクルマデートの楽しさを教えてやる」と言わんばかりのコンテンツをつくってみても、果たして響くかどうか。

世帯を持ち、子どもが生まれれば、「クルマがあった方が便利」と感じる場面が出てくるが、晩婚化で20代はその機会が減っている。30代以降でその機会が訪れたときに選ばれるクルマであるよう、メーカー側は準備しておく必要がある。スバル（富士重工業）は、かつては「走りのスバル」を見せつける動画を中心に公開していたが、２０１５年以降「安心と愉しさを」をキャッチフレーズに、安全技術「アイサイト」にフォーカスした情緒訴求型の動画に切り替えている。

果物離れ

# 皮をむくのが面倒？ 酸っぱいのが苦手？ 果物を食べない若者が増えたのは本当か？

海外旅行やビール、クルマといった「若者の○○離れ」でよく挙がるテーマに、最近では果物が加わるようになった。

ＪＡグループのシンクタンク、ＪＣ総研が２０１５年８月、全国の男女２１１７人を対象に実施したインターネット調査によると、20代以下で果物を「毎日」食べる人は８・７％と１割に満たない。この数字は２０１４年が20・３％、２０１３年が13・１％、２０１２年が16・８％、２０１１年が10・７％とブレが大きいのだが、それでもトレンドとしては下げ基調にあることは確かなようだ。

中央果実協会の「果実の消費に関するアンケート調査」で尋ねた「生鮮果物を毎日は摂らない理由」としては、「日持ちせず買い置きできない」（42・2％）がトップに挙がり、「値段が高い」（39・1％）、「皮をむく手間がかかる」（29・7％）、「他に食べる食品がある」（28・2％）が続く。

ここに挙がっていないほかの理由として、「酸味離れ」を指摘する声もある。果物を種類別に見るとキウイフルーツやバナナの輸入量が伸びているのに対し、グレープフルーツは10年でほぼ半減しているという。若者の甘み嗜好が強まっていると言わんばかりだが、若者だけの味覚の変化で半減はしないようにも思える。果物離れは実際のところどうなのか？

**果物摂取、20代以下は「週1日未満」が過半数**

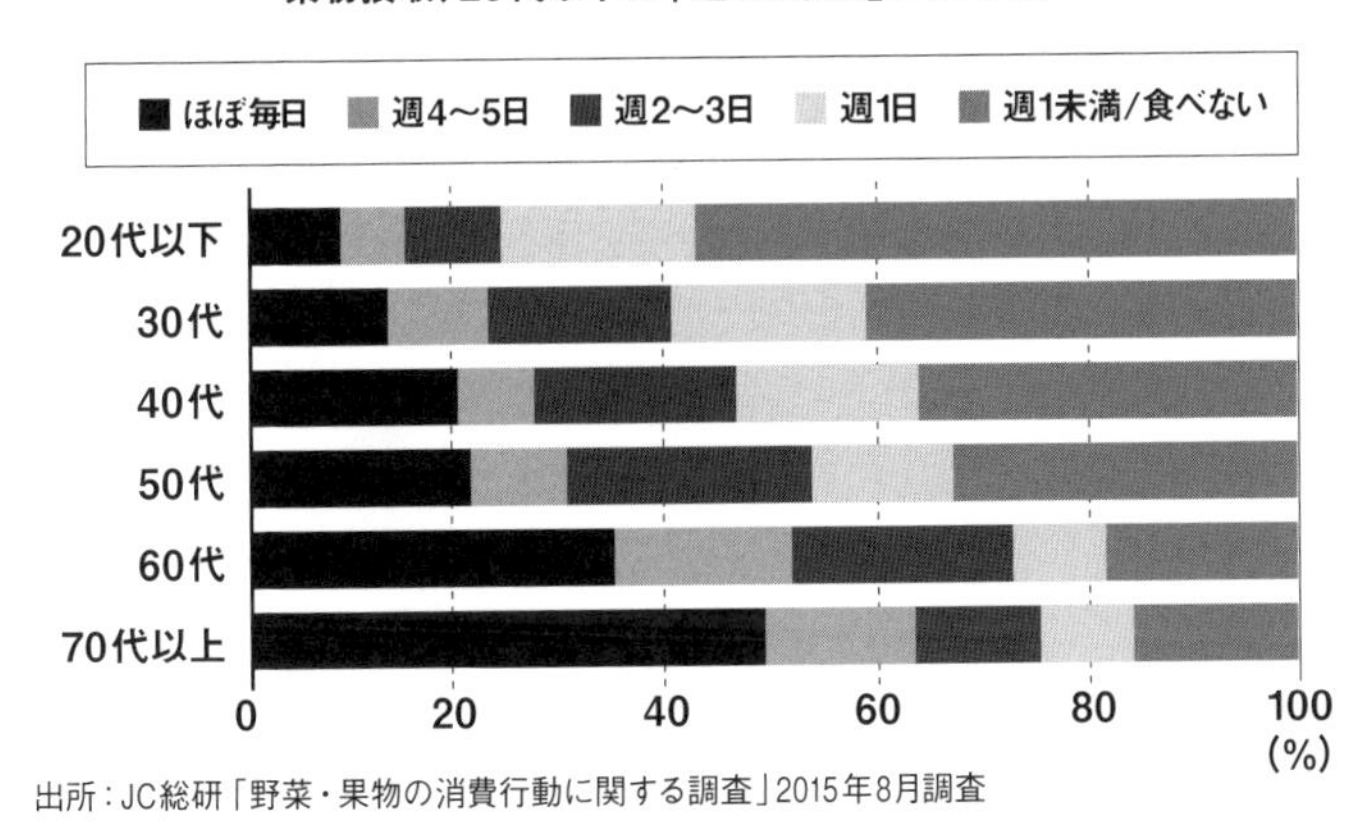


出所：JC総研「野菜・果物の消費行動に関する調査」2015年8月調査

本当は…

## 最も離れたのは40代。正解はミドルの果物離れ

若者の果物摂取量が少ない。これは否定できない。厚生労働省の「国民健康・栄養調査」によれば、20代の一日当たり果実摂取量は、２００１～03年の平均79gから、２０１１～13年は平均69gへ、12・７%減っている。

では全体の傾向はどうだろうか？　同調査では１２４gから１０８gへ12・９%減という数字が出ている。もともと摂取量が少なめだった20代の若者が、全体の減少トレンドと同じくらい減った、というだけである。果物離れは全体的なトレンドであるにもかかわらず、摂取量が少ない層を取り上げて「若者の～」と言っているのだ。

一人暮らし世帯が多い若者の場合、果物によっては食べきるのが大変と若者をフォローする意見もある。だが総務省の家計調査によれば、２人以上の世帯でも生鮮果実の１人１年当たりの購入数量は１９９３年の32・７kgから２０１４年は26・７kgと約20年でジワジワ減少している。年代別に見て10年前比（２００１～03年）で摂取量が伸びているのは、

１５７ｇから１６１ｇに２・５％増えた70歳以上だけだ。

では「戦犯」を探そう。実は10年前時点で20代よりも30代の方が果物摂取量が少なく、10年前比で71ｇから60ｇへ、15・５％減と下げている。

さらに減少率が目立つのは40～50代だ。40代は97ｇから65ｇへ33・０％減、50代は１４２ｇから１００ｇへ29・６％減と、減少が著しい。65ｇの40代は、69ｇの20代に逆転された。50代も３割減っている。したがって「若者の果物離れ」というより、「ミドルの果物離れ」、あるいは「日本人の果物離れ（シニアは除く）」が正しい表現ということになるだろう。

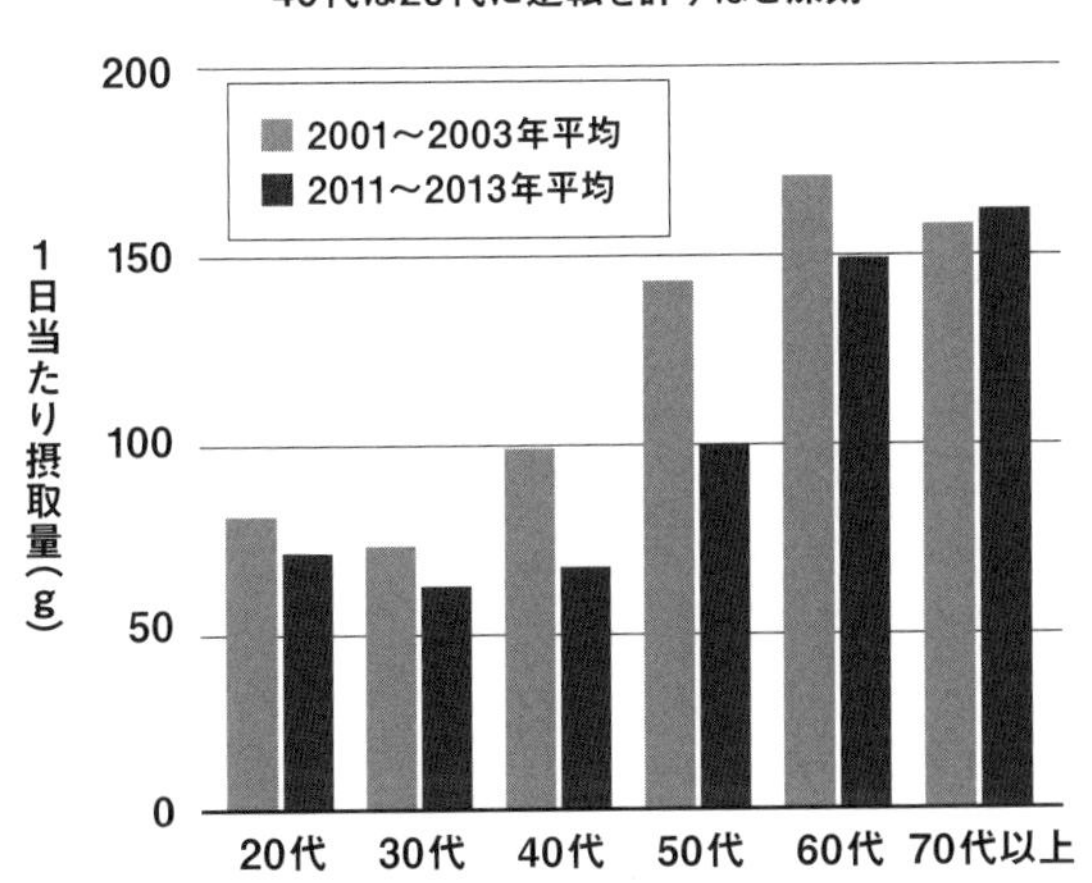


出所：農林水産省「果樹をめぐる情勢」2016年7月

苦戦する果物の中で、売れ行き好調なのがキウイだ。半分に切ってスプーンで食べるだけという手軽さがその理由に挙げられている。そんなキウイでも、実は国内消費の半分近くを60代以上が占める。この危機意識から、「ゼスプリ」ブランドのキウイを輸入販売するゼスプリ インターナショナル ジャパン（東京都港区）は、果敢にデジタルを活用したマーケティングに取り組んでいる。かつての同社のプロモーションは、プレゼントキャンペーン実施期の春と秋のテレビCM放映が定番だった。その取り組みは残しながら、開封率が低迷していたメールマガジンを休刊。2015年は20～40代にキウイの栄養価を訴求するデジタル施策を2つ加えた。

一つが、6月に公開した面白デジタルコンテンツ「ありえない日本昔話 桃？太郎」。おばあさんが川へ洗濯に行くと桃とキウイが流れてきて、キウイを選ぶと物語が進み、キウイ太郎がキウイを独り占めする鬼を仲間と退治に行くインタラクティブ型コンテンツ

ゼスプリキウイはアプリで
若者、女性に訴求

だ。小さい子どもがいる20～40代の母親を主対象に、子どもと桃太郎もどきの物語を楽しみながら「スーパーフルーツ」と言われるキウイの栄養価が学べる内容に仕上げた。

もう一つは、ハガキにシールを貼って投函するプレゼントキャンペーンをアプリで応募できるようにしたことだ。キウイの日である9月1日にスマホアプリ「ゼスプリキウイ14日間実感トレーニングアプリ k・i・w・i トレ」を公開。アプリを起動してキウイに付いているゼスプリのロゴシールをスマホカメラで撮影したユーザーに、日替わりのエクササイズ、キウイを使った簡単レシピ、お役立ち情報を表示した。コンテンツを読んで、エクササイズに取り組んだかどうかの確認メッセージに「はい」を選ぶと1日分の応募が有効になる。キウイを食べながら楽しく健康になろうという趣旨で、その継続をアプリで仕組み化した格好だ。アプリの案内は、全国のスーパーの売り場などで年間数千件開催する試食販売の場でチラシを渡して認知を広めた。

キウイが好調なのは、ただその食べやすさに安穏とせず、こうした試行錯誤に取り組んでいることも大きい。丸ごと1個は食べきれない果物でも、カットフルーツのように食べやすく値段も手ごろなバラ売り商品にすれば反応が良いとも聞く。先の調査で「毎日摂取しない理由」として「好きでない」は8％にすぎない。若者のせいにする前にやることはある。

新聞離れ

# 若い層だけでなく中年世代も新聞を読んでいない？ならば企業は新聞社にリリースを送るのはムダか？

ＮＨＫが5年おきに実施している「国民生活時間調査」。その２０１５年版の調査結果によると、一段と「新聞離れ」が進んだらしい。

・新聞（電子版も含む）を読む人は平日と日曜は33％、土曜は35％
・全員平均時間は平日16分、土曜18分、日曜17分
・１９９５年以降減少が続いていたが、この5年の減少幅は特に大きい
・平日に新聞を読む人は男女60代以上では半数超、男女20代以下は1割未満
・男性の全ての年代、女性の20～40代・60代と、幅広い年層で２０１０年から減少

若年層の新聞離れが特に顕著であることを示す数字が出ている。

新聞を読む人の割合は、男性20代で平日・土曜8%、日曜7%、女性20代で平日3%、土曜0%、日曜2%となっている。読まない人も含めて平均時間を算出すると、20～30代男性は平日3分、40代男性でも7分、といった具合だ。

一方、新聞を読んでいる人に限った平均時間は、平日48分、土・日は50分で、1995年以降、大きな変化はないという。

さて、若者だけでなく中年世代も「電子版も含めて新聞を大半の人が読んでいない」というのがNHKの調査結果なのだが、本当にそこまで新聞離れが起きているのだろうか？

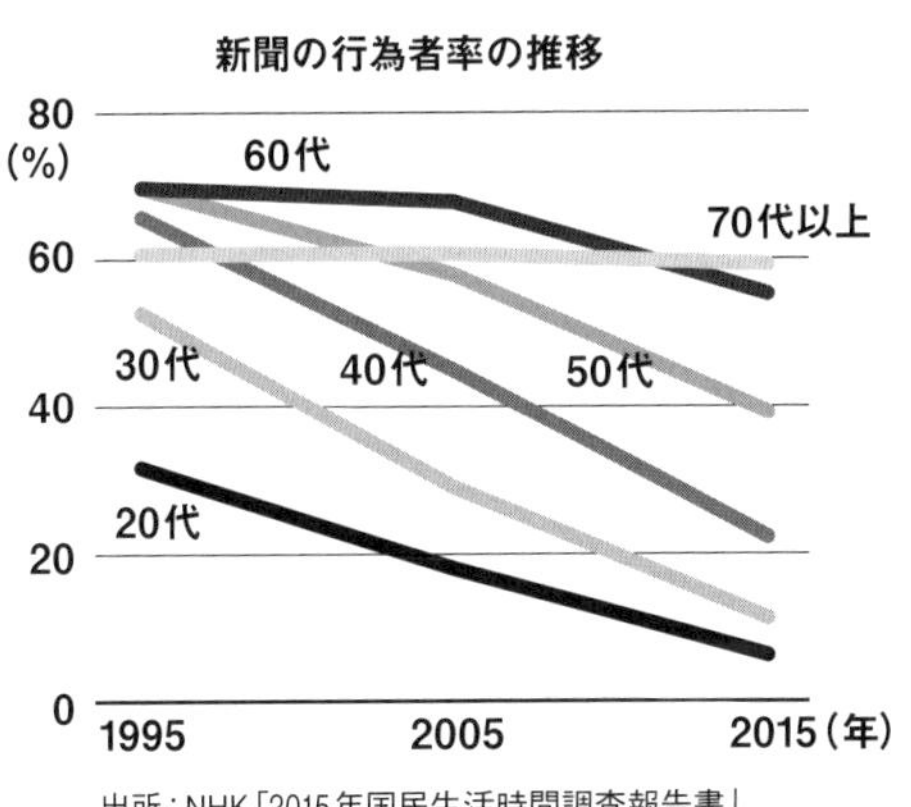

出所：NHK「2015年国民生活時間調査報告書」

本当は…

## ヤフー！ニュースの記事の大半は新聞社発

若い人が多く住むワンルームマンションの郵便受けに新聞が投函されている光景を久しく見ない。新聞「紙」離れは確かだろう。問題は、紙かオンラインかを問わず新聞記事そのものまで読まれなくなったのかどうか、だ。

ＮＨＫの国民生活時間調査が、どのような方法で実施されているのか、確認しておこう。調査対象者には午前0時から24時間、15分ごとにマス目が区切ってある調査用紙が配布される。対象者は調査日の行動を「0時から7時までは睡眠」「8～9時は通勤」など約30の行動項目に沿ってマス目を埋めていく。その約30の行動には、「テレビ」「新聞」「ビデオ・ＤＶＤ」「スポーツ」「趣味」、そして「娯楽としてのインターネット」などがある。したがって最低15分間は継続しないとその行動をしたことにはならず、15分以上行動すれば「行為者」、新聞ならば「新聞行為者」としてカウントされる。

紙の新聞であれば、読み始めて15分などすぐ経過したものだ。ところがスマホ時代のネット利用パターンは、そもそもどこまでが「新聞を読んだ」ことになるのか。

ツイッターをチェックしていたら気になるニュースの見出しが目に留まったのでクリック（タップ）↓それはヤフー！ニュースに記事提供している全国紙のニュース記事で、一通り読む↓記事に出てくる登場人物のことを調べたくなり人物名を検索↓検索結果に表示された個人ブログやスポーツ紙のサイトに載っていた過去記事を読む↓メールをチェックしたら同僚から「仕事」内容の確認が入っていたのでそのメールに返信↓再びヤフーに戻ってニュース記事を数本読んだ……。

**NHK国民生活時間調査の調査票**

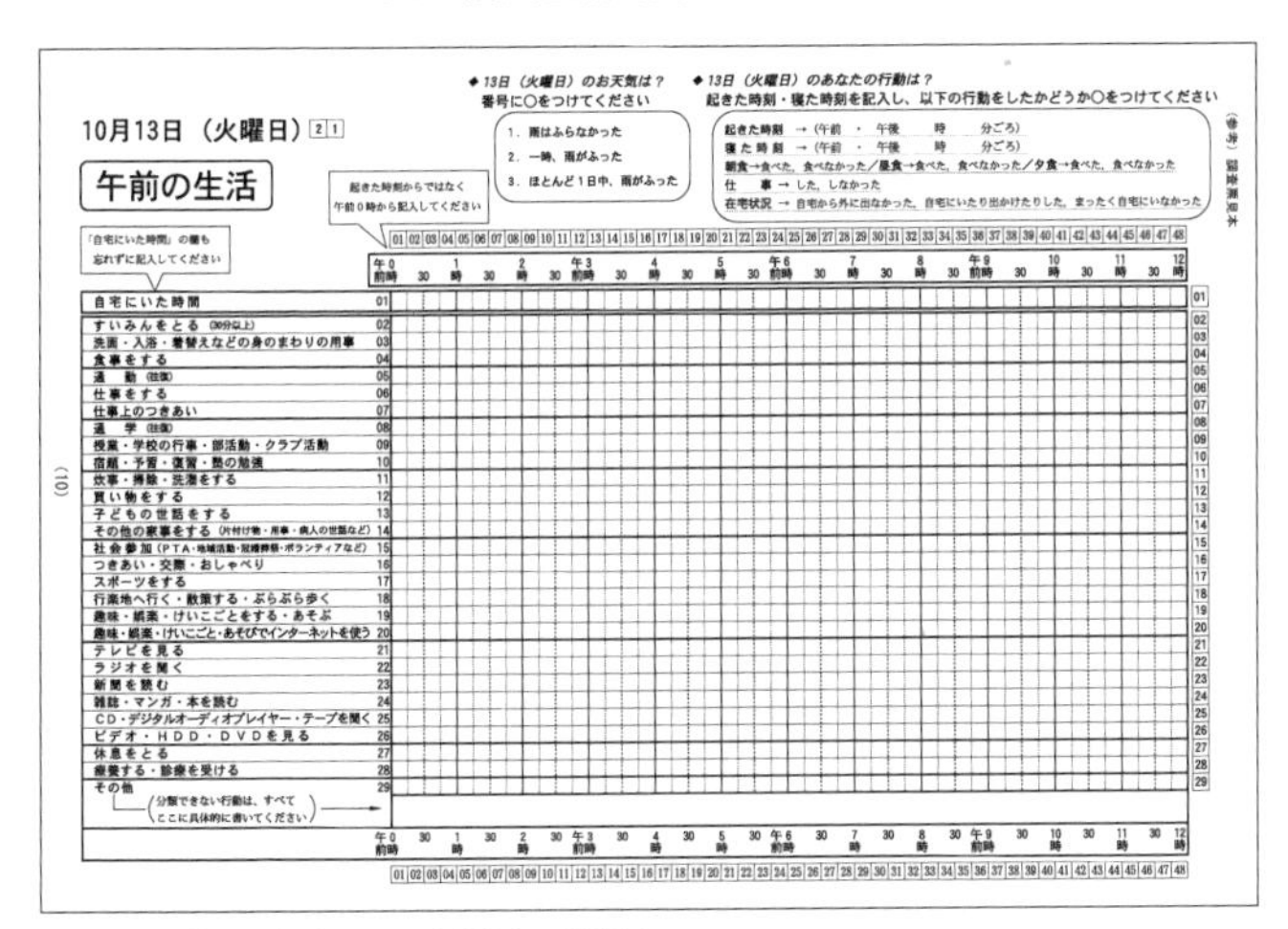

10月13日（火曜日）2 1

午前の生活

◆13日（火曜日）のお天気は？
番号に○をつけてください
1．雨はふらなかった
2．一時、雨がふった
3．ほとんど1日中、雨がふった

◆13日（火曜日）のあなたの行動は？
起きた時刻・寝た時刻を記入し、以下の行動をしたかどうか○をつけてください
起きた時刻 →（午前・午後　時　分ごろ）
寝た時刻 →（午前・午後　時　分ごろ）
朝食→食べた、食べなかった／昼食→食べた、食べなかった／夕食→食べた、食べなかった
仕事 → した、しなかった
在宅状況 → 自宅から外に出なかった、自宅にいたり出かけたりした、まったく自宅にいなかった

起きた時刻からではなく午前0時から記入してください

「自宅にいた時間」の欄も忘れずに記入してください

時刻：午前0時　30　1時　30　2時　30　午前3時　30　4時　30　5時　30　午前6時　30　7時　30　8時　30　午前9時　30　10時　30　11時　30　12時

欄番号：01 02 03 04 05 06 07 08 09 10 11 12 13 14 15 16 17 18 19 20 21 22 23 24 25 26 27 28 29 30 31 32 33 34 35 36 37 38 39 40 41 42 43 44 45 46 47 48

01 自宅にいた時間
02 すいみんをとる（30分以上）
03 洗面・入浴・着替えなどの身のまわりの用事
04 食事をする
05 通勤（往復）
06 仕事をする
07 仕事上のつきあい
08 通学（往復）
09 授業・学校の行事・部活動・クラブ活動
10 宿題・予習・復習・塾の勉強
11 炊事・掃除・洗濯をする
12 買い物をする
13 子どもの世話をする
14 その他の家事をする（片付け物・用事・病人の世話など）
15 社会参加（PTA・地域活動・冠婚葬祭・ボランティアなど）
16 つきあい・交際・おしゃべり
17 スポーツをする
18 行楽地へ行く・散策する・ぶらぶら歩く
19 趣味・娯楽・けいこごとをする・あそぶ
20 趣味・娯楽・けいこごと・あそびでインターネットを使う
21 テレビを見る
22 ラジオを聞く
23 新聞を読む
24 雑誌・マンガ・本を読む
25 CD・デジタルオーディオプレイヤー・テープを聞く
26 ビデオ・HDD・DVDを見る
27 休息をとる
28 療養する・診療を受ける
29 その他（分類できない行動は、すべてここに具体的に書いてください）

（10）

出所：NHK「国民生活時間調査」巻末の資料より

スマートフォンでの閲覧行動を振り返ると、こんな感じではないだろうか。これを何をしていた時間とカウントするのか、不明確だ。

## ❖ヤフー!ニュース閲覧はネット時間か新聞時間か

まず「新聞」の範囲について。カッコ書きで「電子版を含む」となっているため、紙の購読・閲覧に限定せず、オンラインも排除していないことはわかる。ただ電子版という名称からして、「朝日新聞デジタル」や「日経電子版」など新聞社自前のニュースサイトやアプリをイメージしているのではないか。

「日経デジタルマーケティング」が2015年6月、マクロミルの協力を得て全国20～40代の男女300人を対象に、「よく見るニュースサイト、アプリ」について複数回答可で聞いたところ、ヤフー!ニュースが84%と他を圧倒する強さでトップだった。そしてグーグルニュース、LINEニュースが続く。ニュースポータルやニュースキュレーションアプリなどと呼ばれる、ニュース提供社からのニュース記事を大量に収集し配信するメディアが、よくアクセスするニュースサイト・アプリの中心だ。

ヤフー！ニュースは最近でこそ自前で独自にテーマを立てた長編の読み物記事を配信しているが、それでもヤフー！ニュースに載る記事の99％以上は外部のニュース提供社が提供する記事である。ニュース提供社には、「朝日新聞デジタル」「産経新聞」といった全国紙、「時事通信」「ロイター」などの通信社、「琉球新報」「西日本新聞」などの地方紙、「ITメディア」「JCASTニュース」といったオンライン専業メディア、そしてJNN（TBS系）、NNN（日本テレビ系）など民放キー局の映像メディアまでが名を連ねる。

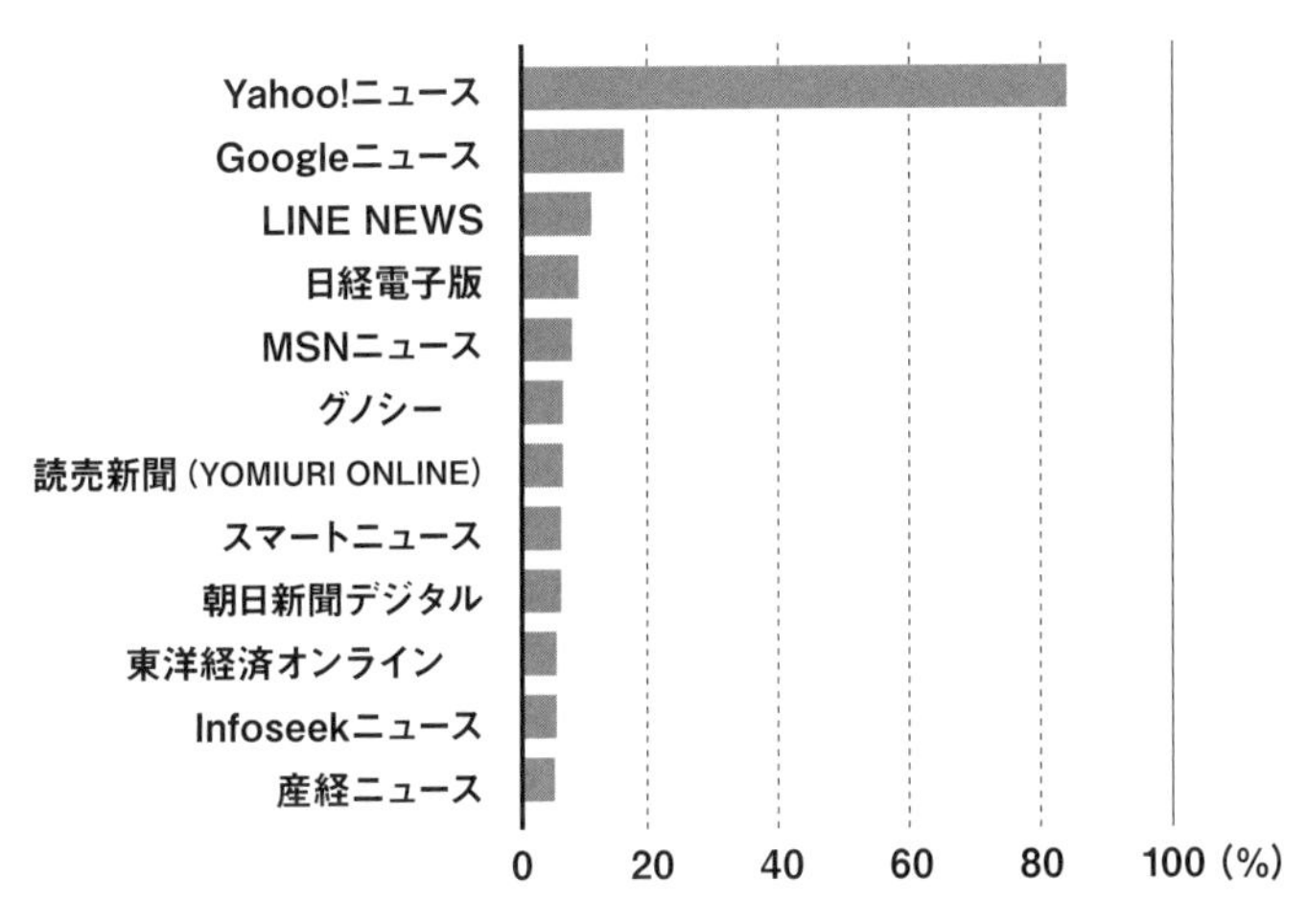

出所：「日経デジタルマーケティング」2015年7月号
調査協力：マクロミル

**2016年9月22日Yahoo!トピックス掲載（85本）元記事**

| 媒体 | 本数 |
|---|---|
| 時事通信 | 10 |
| AFP時事 | 7 |
| 朝日新聞デジタル | 7 |
| スポニチ | 7 |
| 日刊スポーツ | 7 |
| 産経新聞 | 6 |
| 毎日新聞 | 4 |
| フジテレビ系（FNN） | 4 |
| 読売新聞 | 3 |
| サンケイスポーツ | 3 |
| スポーツ報知 | 3 |
| 日本テレビ系（NNN） | 3 |
| デイリースポーツ | 3 |
| 琉球新報 | 3 |
| ヤフー個人 | 3 |

ほか、テレビ朝日系（ANN）、TBS系（JNN）、withnews、Full-Count、神戸新聞NEXT、河北新報、まんたんウェブ、Forbes JAPAN、CNN.co.jp、オリコンなど

ヤフー！ニュースにはこれら提供社からのニュース記事が1日2000～3000本の単位で掲載されるが、中でもアクセスが殺到するのは、トップページに記事見出しがピックアップされる「ヤフー！トピックス（通称ヤフトピ）」に載った記事だ。1日70～90本ほどの狭き門である。

ではヤフトピに載る記事の提供元はどの媒体なのか？　2016年9月22日にヤフトピに載った85本について、その元記事を調べてみると、一番多かったのは時事通信系の17本、以下、朝日新聞、スポーツニッポン、日刊スポーツ、産経新聞、毎日新聞と続く。企業や商品・サービスのニュースがピックアップされる、ヤフトピの「経済」カテゴリーも同様だ。9月19～23日の平日5日間に載った49本の元記事を調べると、産経新聞と時事通信が8本

**Yahoo!トピックス「経済」カテゴリー掲載の元記事**
**2016年9月19〜23日掲載（49本）**

| 産経新聞 | 8 | 読売新聞 | 3 |
|---|---|---|---|
| 時事通信 | 8 | 東洋経済オンライン | 3 |
| 毎日新聞 | 7 | ロイター | 2 |
| 朝日新聞 | 3 | TBS系（JNN） | 2 |

ほか、フジテレビ系（FNN）、日本テレビ系（NNN）、+dot.、withnews、河北新報、神戸新聞NEXT、NIKKEI STYLE、オートスポーツweb、Impress Watch、HARBOR BUSINESS Online、帝国データバンクなど

でトップ、次いで毎日新聞、以下朝日新聞、読売新聞、東洋経済オンラインと続く。

通信社の記事の多くは、全国ネットで取材網を持たない地方紙に掲載される。したがってヤフーのサイトやアプリにアクセスしてトップページに出ている気になる記事を読みにいくということは、たいていの場合、新聞社発の記事を読んでいることになる。ニュースサイトやアプリにあまり自らアクセスしない人でも、SNSで友人がシェアしたニュース記事を開けば、やはりそれが「新聞記事」である可能性は相当に高い。

このようにネット利用者の大半が新聞記事に接触しているはずであり、恐らく産経新聞の記事は紙の時代よりも今が一番多くの人に読まれているだろう。ところが、ヤフーでニュースを見ていた時間を「新聞を読んでいた」と自覚して回答する人はまずいないと思われる。調査方法が時代に合わないのではないだろうか。

column

ガリガリ君

## 10年で売り上げ3倍増、赤城乳業の話題作り戦術

「25年間踏んばりましたが、60→70」。

赤城乳業（埼玉県深谷市）が2016年4月1～2日に放映した60秒のテレビCMは、大いに話題を呼んだ。アイスキャンディー「ガリガリ君」を4月より60円から70円に値上げすることを、社員総出で詫びたからだ。同年優勝した広島カープと同じ、「25年ぶり」の値上げだった。

「そんなに長い間値上げしてなかったのか」「70円でも十分安い」など、CMを見た消費者の反応は総じて好意的だった。ユーチューブで公開した動画も早々に再生回数が100万回を突破。値上げというネガティブな話題を〝作品〟に仕立てたことが奏功した。企業スローガンに「あそびましょ。」を掲げる同社ならではのセンスだ。

「棒アイス値上げで日本国民に謝罪」——。

CMは思わぬ方向にも波及した。5月19日、米ニューヨーク・タイムズ紙が一面でこのお詫びCMの一コマを掲載し、物価が伸び悩む中で値上げに二の足を踏む日本企業が多いことの象徴事例と

して紹介した。同社特有の広告センスを理解した上での言及かどうかは微妙だが、それほどインパクトのあるCMだった。

値上げCMの狙いについて、ガリガリ君の広告宣伝を指揮する赤城乳業営業本部マーケティング部部長の萩原史雄氏は、次のように語る。「25年前に50円から60円に値上げしたとき、ガリガリ君にお詫びをさせてしまったんです。でもガリガリ君が悪いわけじゃない。だから今回は社員総出で頭を下げようと考えました」。ユーモアを交えつつも真摯に詫びる姿は、消費者を動かした。値上げで販売本数の前年割れは不可避と想定していたが、4月は前年を約10％上回る売れ行きを記録した。

値上げというマイナス材料を社員総出のお詫びCMで話題化

## 10年以上前からネット文脈を意識したプロモーションを展開

話題になるコト・モノを仕掛けてクチコミを誘発し、Webニュースメディアが記事化してヤフー！ニュースへ、情報番組などマスメディアも取り上げて拡散し、店頭で購入した客の投稿がシェアされ……。

そんなバズサイクルの軌道をガリガリ君はしっかりものにしている。既に10年も前からネット文脈に沿った話題作りを意識してプロモーションを展開してきた。

2006年の冬シーズン、ガリガリ君の妹「ガリ子ちゃん」を予告なしにパッケージに登場させ、検索ワードランキング入り。2ちゃんねるでは「ガリ子は萌え系キャラか否か」論争が起きた。2012年に発売したコーンポタージュ味のガリガリ君は、ヤフー！トピックスに7回取り上げられるほど断続的な話題拡散に成功している。

興味深いのは、これだけソーシャルメディア上で話題になるブランドでありながら、ガリガリ君の公式アカウントは開設していないことだ。「ガリガリ君がツイートするような企画をよく提案いただくが、リアルな場にネタを用意して、それにツイッターなどで突っ込んでもらうスタイルがガリガリ君には合っている」（萩原氏）。

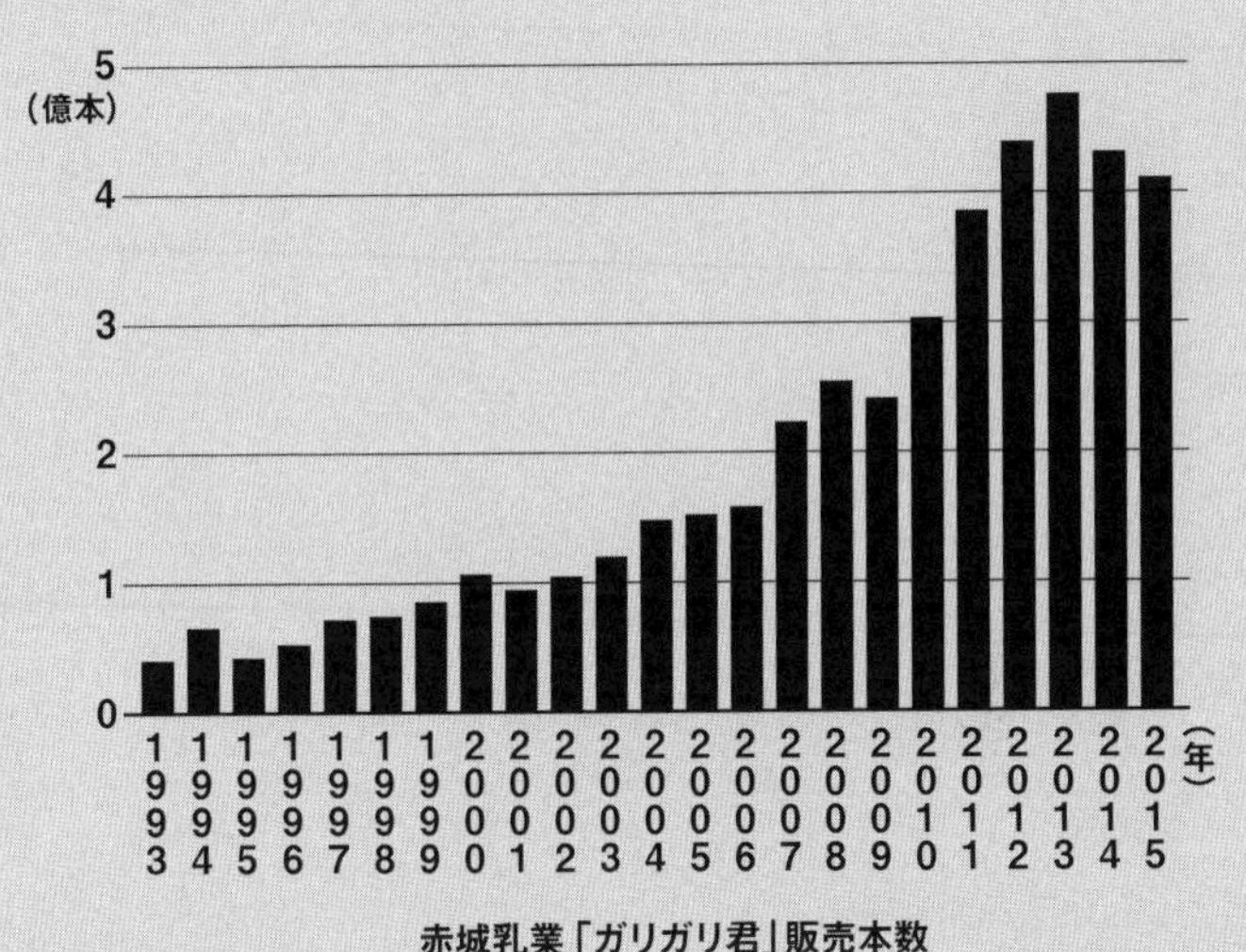


赤城乳業「ガリガリ君」販売本数

1981年に発売されたロングセラー商品のガリガリ君だが、他のロングセラーの多くが全盛期は遠い昔であるのに対し、その販売ピークは2013年。発売から19年後の2000年に年間販売本数1億本を突破し、7年後の2007年に2億本、3年後の2010年に3億本、2年後の2012年に4億本を突破し、翌2013年に4億7500万本を記録している。ネット文脈を意識した始めた2005～2006年から10年足らずで3倍増と加速度的に売り上げを伸ばしてきた。

2016年でガリガリ君は発売35周年を迎えた。マイナス要因だったはずの値上げを〝CM力〟で跳ね返したことで、初の5億本の大台を目指している。

column

第2章

# イメージで<br>レッテルを張るのは<br>やめよう

保育園建設

# 建設が決まっても地域住民との調整が難航「反対」しているのは中高年のオヤジか？

「保育園落ちた日本死ね！」。２０１６年2月中旬、「はてな匿名ダイアリー」に投稿されたブログが一躍脚光を浴びた。女性の活躍推進を国がうたう一方で保育所の入園選考にもれた母親のやり場のない怒りが、同じ境遇にいる保護者からの共感を呼んだ。民進党の山尾志桜里議員がこのブログを取り上げ待機児童問題について安倍首相に質した。そして「匿名では本当かどうか分からない」という首相の回答に業を煮やした親たち数十人が、「保育園落ちたの私だ」という紙を掲げて国会前に集結し、抗議行動へと発展した。

一方、東京・杉並区をはじめ、保育園の建設計画が地域住民の反対で暗礁に乗り上げている。テレビのワイドショーが現地で住民の声を聞こうとマイクを向けると、「静かな暮らしをしたかったのに」「奥さん連中も集まってうるさくなる」などという声が上がる。声の主はたいてい、中高年の男性だ。地域住民への説明集会でも、反対意見を陳述するのはやはりこの層である。

傍から見ると、子育て世代と中高年の頑固おやじたちの対決構図に映る。が、本当にそうなのか。

**■ 保育園落ちた日本死ね!!!**

何なんだよ日本。

一億総活躍社会じゃねーのかよ。

昨日見事に保育園落ちたわ。

どうすんだよ私活躍出来ねーじゃねーか。

子供を産んで子育てして社会に出て働いて税金納めてやるって言ってるのに日本は何が不満なんだ?

何が少子化だよクソ。

子供産んだはいいけど希望通りに保育園に預けるのほぼ無理だからwって言ってて子供産むやつなんかいねーよ。

不倫してもいいし賄賂受け取るのもどうでもいいから保育園増やせよ。

オリンピックで何百億円無駄に使ってんだよ。

エンブレムとかどうでもいいから保育園作れよ。

有名なデザイナーに払う金あるなら保育園作れよ。

どうすんだよ会社やめなくちゃならねーだろ。

ふざけんな日本。

保育園増やせないなら児童手当20万にしろよ。

保育園も増やせないし児童手当も数千円しか払えないけど少子化なんとかしたいんだよねーってそんなムシのいい話あるかよボケ。

国が子供産ませないでどうすんだよ。

金があれば子供産むってやつがゴマンといるんだから取り敢えず金出すか子供にかかる費用全てを無償にしろよ。

不倫したり賄賂受け取ったりウチワ作ってるやつ見繕って国会議員を半分位クビにすりゃ財源作れるだろ。

まじいい加減にしろ日本。

本当は…

## 保育園建設「反対」が最も多いのは40代女性

「保育園児の声を『騒音』と思うことに35％の人が同感である」。２０１５年9月、朝日新聞が報じた厚生労働省の委託調査の結果が、波紋を広げたことがあった。これは人口減少社会に対する意識調査として同年3月、厚労省が民間の調査会社に委託して、全国の15～79歳まで３０００人を対象にアンケートを実施したものだ。

アンケートでは、「住宅地に立地する保育所について『子どもの声が騒音』であるという声があり、近隣住民からの苦情や立地反対、訴訟に発展するケースも生じていますが、このような考え方についてどう思いますか」という設問を立て、「全く同感できない」「あまり同感できない」「ある程度同感できる」「とても同感できる」の四択式で選ばせている。その結果、「ある程度同感できる」あるいは「とても同感できる」を選んだ人が35・１％、すなわち回答者３０００人のうち不寛容派が１０００人を超えたのだ。

この結果に、ネット上は荒れた。特に目についたのは、「子育てが関係なくなった中高年のわがまま」「団塊のジジイが日本を滅ぼす」など、子育てに理解のない層として中高年男性を仮想敵に設定した罵詈雑言だった。

果たしてその矛先は正しいのだろうか。厚労省のサイトには、調査結果の詳細がアップされている（下図）。性別・年代別にみると、「子どもの声は騒音」に同感する不寛容派が一番多いのは、40代女性で実に49・9％に上っている。一方、最も理解があるのは60～70代男性で、「全く同感できない」と「あまり同感できない」を合わせた寛容派が78・2％を占めている。

保育園の子どもの声は騒音だから建設に反対、という考え方について

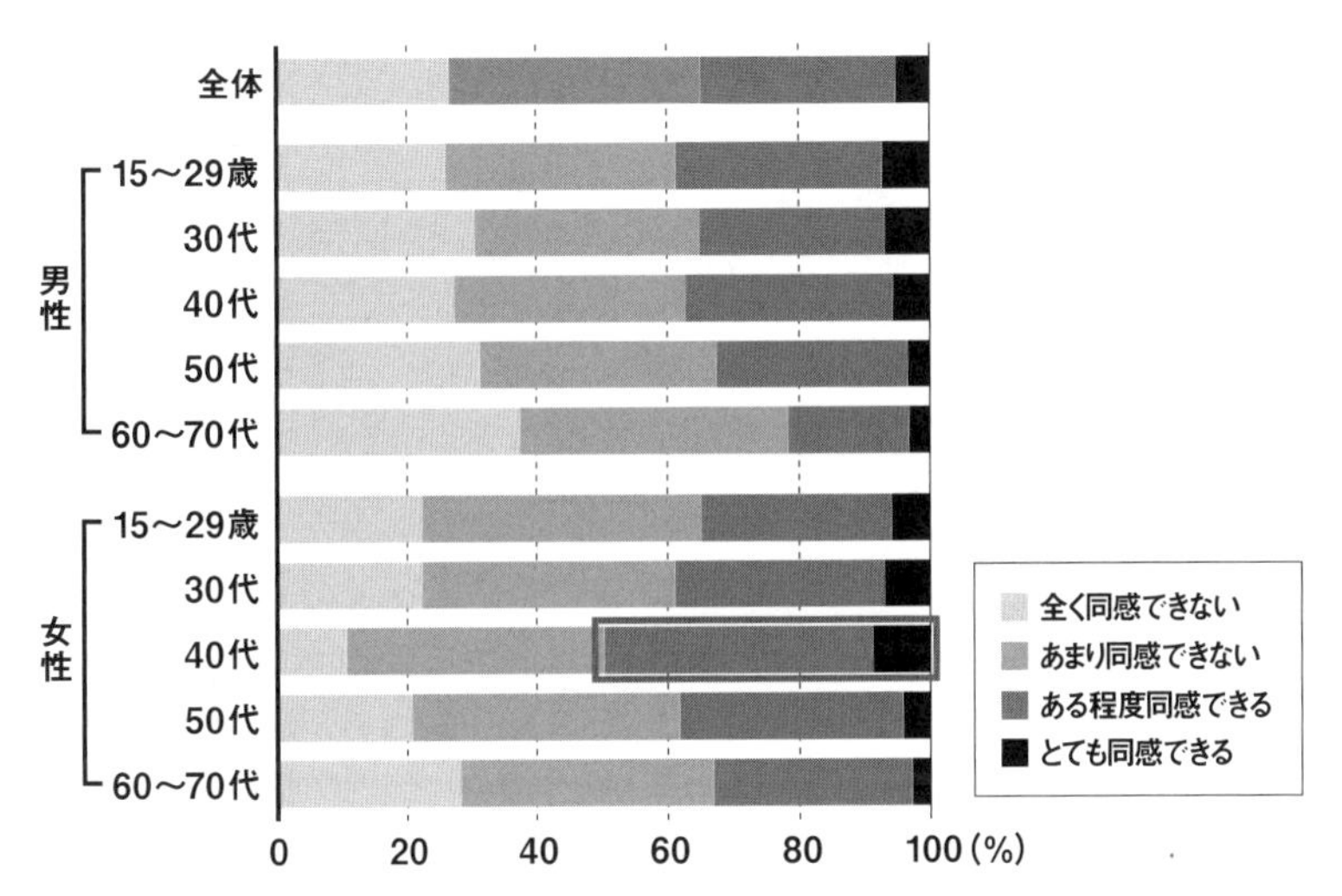


出所：厚生労働省「人口減少社会に関する意識調査」（2015年10月）

2014年度「駅と電車内の迷惑行為ランキング」

男性

|  |  |  |
|---|---|---|
| 1位 | 騒々しい会話・はしゃぎまわり等 | 33.1% |
| 2位 | 座席の座り方 | 32.0% |
| 3位 | 乗降時のマナー | 28.9% |
| 4位 | 携帯電話・スマートフォンの着信音や通話 | 27.9% |
| 5位 | ヘッドホンからの音もれ | 26.0% |
| 6位 | 荷物の持ち方・置き方 | 21.7% |
| 7位 | ゴミ・空き缶等の放置 | 17.4% |
| 8位 | 混雑した車内へのベビーカーを伴った乗車 | 16.5% |
| 9位 | 車内での化粧 | 15.8% |
| 10位 | 電車の床に座る | 13.7% |

女性

|  |  |  |
|---|---|---|
| 1位 | 騒々しい会話・はしゃぎまわり等 | 33.7% |
| 2位 | 座席の座り方 | 30.7% |
| 3位 | 混雑した車内へのベビーカーを伴った乗車 | 30.2% |
| 4位 | 乗降時のマナー | 24.6% |
| 5位 | 荷物の持ち方・置き方 | 24.2% |
| 6位 | 酔っ払って乗車する | 21.2% |
| 7位 | ヘッドホンからの音もれ | 19.3% |
| 8位 | 車内での化粧 | 18.8% |
| 9位 | ゴミ・空き缶等の放置 | 15.3% |
| 10位 | 混雑した車内での飲み食い | 15.2% |

出所：日本民営鉄道協会

アンケートは選択式で、そう考えた具体的な理由までは分からない。想像するに、男性よりは女性の方が保育園の開園時間帯に在宅している人が多く、声や音が聞こえてくる生活をよりリアルにイメージしやすい分、ネガティブな反応が出てしまうのかもしれない。また40代は保育園世代の子育ては過ぎている人が多いため、自分の子育て中にすぐ隣近所にあったら便利だったであろう保育園が今さらできることを想像して、複雑な思いを抱いたかもしれない。そこらへんの想像力は、同世代男性よりも働きやすいと思われる。

同様にイメージと実態がずれる内容として、駅や電車で迷惑だと思う行為のランキングがある（右表）。日本民営鉄道協会が実施した２０１４年度の調査では、「混雑した車内へのベビーカーを伴った乗車」が男性は8位（16・5％）だったのに対し、女性は3位（30・2％）だった。「女の敵は女」などと言いたいのではない。自分の経験、流儀、一家言あることに対して、人は見る目が厳しくなりがちということだろう。

ちなみに翌２０１５年度の調査では、ベビーカーは選択肢から外れた。「ヘッドホンからの音もれ」や「ゴミ・空き缶等の放置」と並んでベビーカーを伴った乗車が選択肢にあること自体がおかしいと言えばおかしかった。懸命な判断だろう。

いずれにしても、勝手なイメージ設定をして特定層や人を叩くことは慎みたいものだ。

傷害事件

# ワイドショーでは連日、残虐な事件報道「キレる若者」は教育のせい？ 社会のせい？

内閣府が２０１５年９月、「少年非行に関する世論調査」の結果を公表した。「あなたの実感として、おおむね５年前と比べて、少年による重大な事件が増えていると思いますか、減っていると思いますか」との問いに対し、「かなり増えている」「ある程度増えている」を合わせた「増えている」と感じる人が78・６％。２０１０年の前回調査と比べて、３・０ポイント増加したという。

「ある程度増えている」が37・８％から36・３％へと微減だったのに対し、「かなり増えている」が37・８％から42・３％へ、５ポイント近く伸びるという内訳だった。属性別にみると、男性よりも女性が、20~30代より40代以上が、増えていると感じる人が多くなっている。

「少年非行についてどのような社会環境が問題だと思うか」を複数回答で選ぶ設問では、「スマートフォンやインターネットなどの普及により、簡単に暴力や性、自殺その他少年に有害な情報を手に入れられる」が前回の47・3%から69・8%へ22ポイント超増加、「スマートフォンやインターネットなどの普及により、少年の交友関係や行動が把握しにくくなっている」が同38・9%から50・8%へ約12ポイント増加した。

スマホを非行の温床と考える向きは相当に多いようだ。さて実際のところ少年非行は増えているのだろうか。スマホの利用抑制やサービスの見直しで道は開けるのか?

Q. 少年非行は増加しているか?

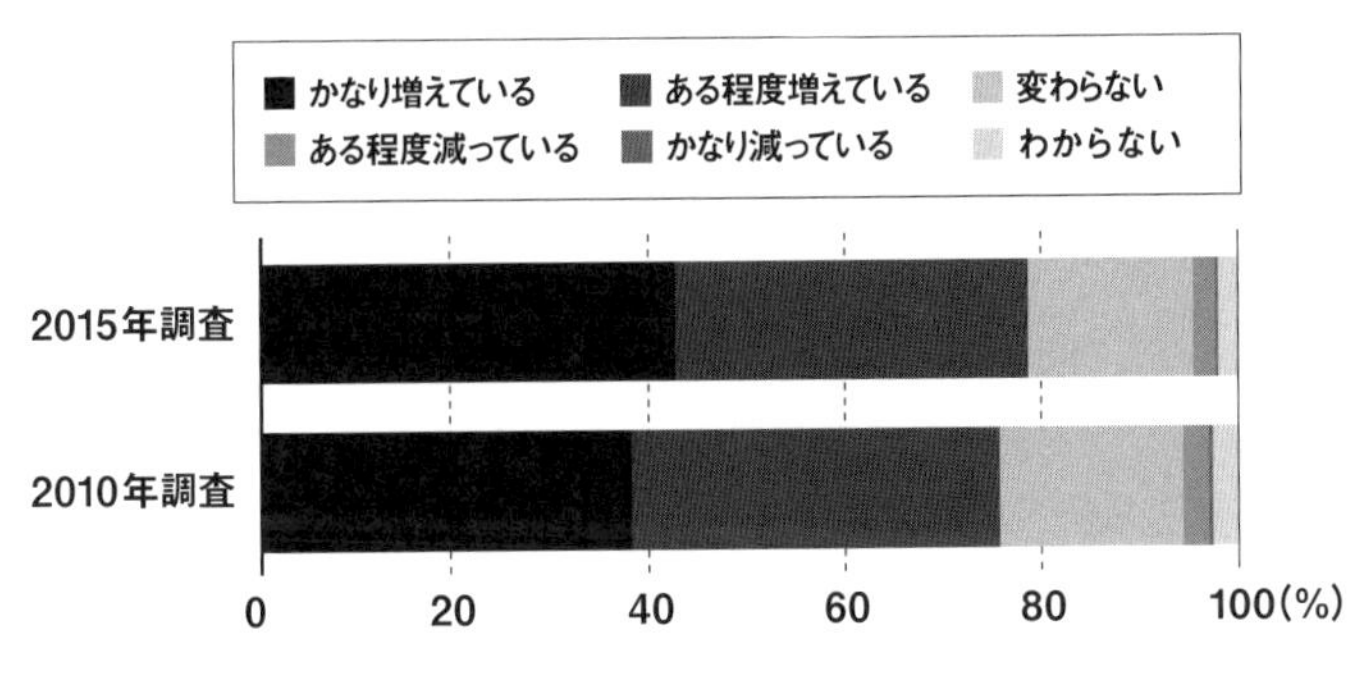


出所：内閣府「少年非行に関する世論調査」

本当は…

## 若者は「犯罪離れ」、キレているのは老人

警察庁のまとめによると、２０１５年に検挙された刑法犯少年の数は3万８９２１人で、前年より９４４０人、率にして19・5％減った。２００３年の14万４４０４人から12年連続で減少が続いていて、12年で3分の1以下の規模に激減している。

過去最も多かったのは１９８３年の19万６７８３人。２００３年以前では、１９５４年の8万５５０４人が最も少なかったが、２０１１年にこの数字を下回って戦後最少を記録し、以降毎年記録更新が続いている状態だ（２０１６年9月執筆時点）。

10年あまりで3分の1以下に減っているのだから、まさか「刑法犯少年が減っているのは少子化で子どもの数そのものが減っているせい」と言い出す人はいないと思うが、一応挙げておこう。対象となる14〜19歳1０００人当たりの人口比でみると、直近ピークの２００３年が17・5人だったのに対し、２０１５年はわずか5・5人。もちろん最少記録だ。荒れていたのは3年連続で18人台だった１９８１〜83年。校内暴力世代である。

「全体の件数は減っているかもしれないが、凶悪犯が増えているに違いない」。そんな声もよく聞かれる。殺人・強盗・放火などの凶悪犯の少年検挙数は、２００３年の２２１２人からやはり減少中だ。２００８年には１０００人を切り、２０１５年は５８６人。12年前の４分の１の規模になった。

窃盗も同様だ。１９９４年にはオートバイの盗難で２万１０００人以上の少年が検挙されたが、２０１５年は２５６３人。博報堂で若者研究所のリーダーを務める原田曜平氏の書籍タイトル『さとり世

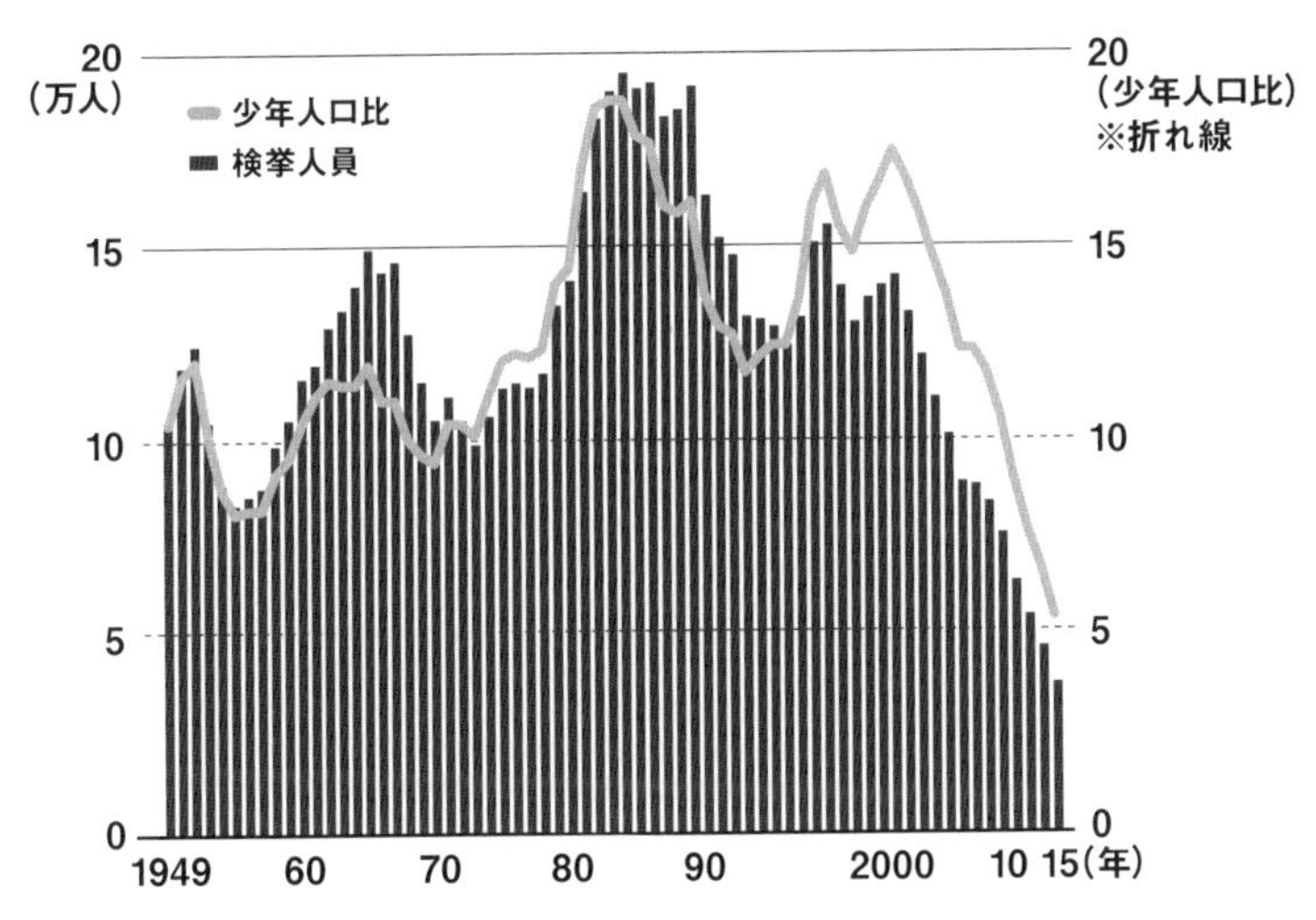

出所：警察庁生活安全局少年課「少年の補導及び保護の概況」

加害者年齢別にみた鉄道係員への暴力行為（2015年）

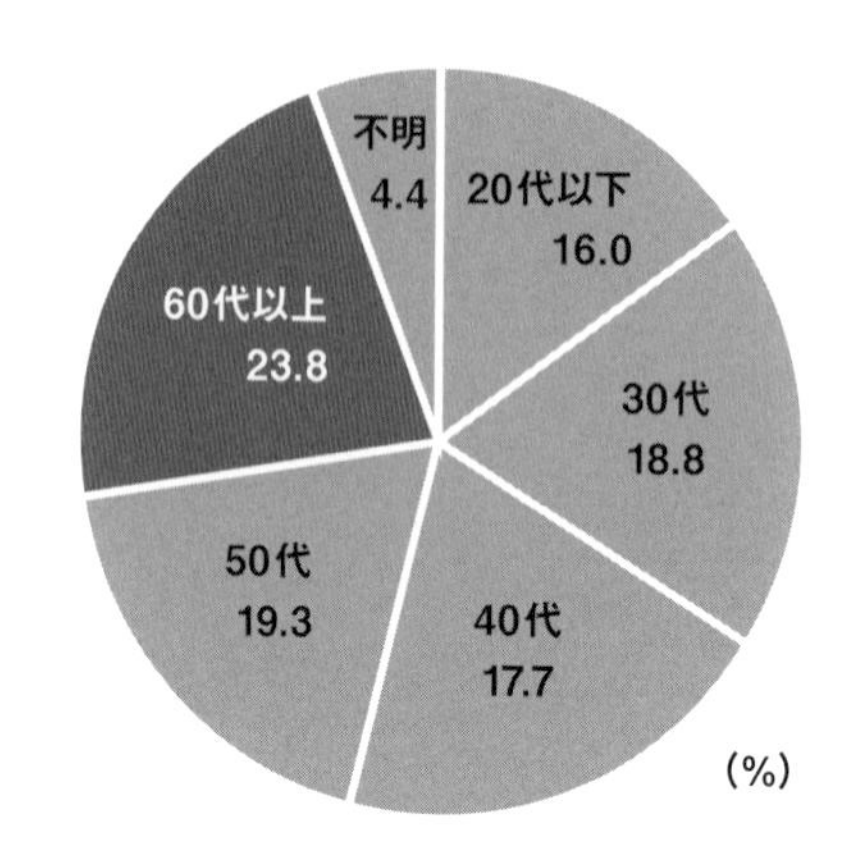


出所：「鉄道係員に対する暴力行為の件数・発生状況について」

代　盗んだバイクで走り出さない若者たち』は本当である。

キレる若者どころか、「若者の犯罪離れ」と言っていい状況だ。２０１６年上半期の少年検挙数も、前期比20％減と大幅減が続いている。少年犯罪が戦後最も少ない時代であることは間違いない。

したがって先の調査で８割弱の人が（少年による重大な事件が）増えているという実感は、統計上は誤りということになる。もちろん、どんなに犯罪が減ろうとも、事件の被害者になってしまえばそんなことは関係なくなってしまうし、万単位で起きている以上、安心はできないのも確かだ。それでもこれだけ減少が続いている今、あえて少年法を厳罰化する必要があるのか？　事件が起こるたびに再発防止策として挙がる「心の教育」はそんなに機能していないのか？　考える材料にはなる。

## ❖「暴走老人」対策が急務

問題は若者よりむしろ高齢者である。検挙人員に占める65歳以上の高齢者の割合は増える一方だ。もちろん人口に占める65歳以上の割合が高まっているからではある。ただ人口比で見ても、14～64歳の人口10万人当たり刑法犯検挙数が、２００５年の４０３人から２０１５年には２４３人まで約４割減っているのに対し、65歳以上は同１６４人から１４４人と、12％ほどの下げ幅にとどまっている。

象徴的なのが、鉄道係員に対する暴力行為だ。日本民営鉄道協会とＪＲ各社、都営・市営交通などが連名でまとめた２０１５年度の「鉄道係員に対する暴力行為の件数・発生状況」によると、加害者年齢で60代以上が23・８％を占める。いくら母数が多いにせよ、通勤で毎日のようには電車に乗らなくなった世代としては多すぎるだろう。キレる若者より暴走老人にご用心である。

ネトウヨ

# 書店に並ぶ嫌韓中本、荒れるネット投稿 若者は「右傾化」してしまったのか？

2016年8月、NHKが「ニュース7」で「貧困女子高生」をテーマに取り上げるや、一部ネット界隈で騒ぎが起きた。事例として登場した女子高生は母子家庭で低所得のため、進学をあきらめざるをえず、自宅にはパソコンもエアコンもない。客観的に見て「中の下」、あるいはそれ以下の暮らしぶりであることは伝わってくる。

しかし一部の人は、そうは理解しなかった。「アニメのグッズがあるじゃないか」「ゲーム機が映り込んでいる」「おカネがない割に豪華なランチだ」などとあら探しに勤しんでは「贅沢だ」「捏造だ」と息巻く。そんな投稿が放送後しばらくの間飛び交い、ネット上は険悪な空気が漂った。

こうした投稿をするツイッターユーザーは、自身のアイコンに「日の丸」をあしらっている人が少なからずいた。極めて保守的かつ、ときに差別的で過激な発言をするネット右翼（ネトウヨ）と呼ばれる一群の特徴だ。フジテレビが韓国を過剰に称賛するのは許しがたいと本社前でデモを行ったり、生活保護費の不正支給が問題になった際は受給者を罵るなど、以前からその主張と行動の過激さが話題になっていた。

都知事を辞職した舛添要一氏が選出された2014年の都知事選。ネトウヨ層が推す元航空幕僚長の田母神俊雄氏は、実に61万超の票を獲得した。2位の宇都宮健児氏が98万票、3位の細川護熙氏が96万票弱だったことから、とても「泡沫」扱いはできない得票数である。年配層が懸念するように、若者は本当に右翼化してしまったのだろうか？

2014年東京都知事選挙

| | 候補者名 | 党派 | 得票数 | 得票率 |
|---|---|---|---|---|
| 当 | 舛添要一 | 無所属 | 211万2979 | 43.40% |
| | 宇都宮健児 | 無所属 | 98万2595 | 20.18% |
| | 細川護熙 | 無所属 | 95万6063 | 19.64% |
| | 田母神俊雄 | 無所属 | 61万0865 | 12.55% |

本当は…

## 右傾化は部課長クラス、改憲「賛成」も激減

若者の右傾化については、いくつかの観点で否定できる。まずネット上で一部に右翼的、差別的な言動が見られるのは事実だが、それは若者もいるが、中心はもっと「上」の層だ。

統計分析によってネット炎上の実態の解明に取り組んでいる国際大学グローバル・コミュニケーション・センター講師の山口真一氏は、2万人規模のアンケート調査から約2000人の「炎上加担者」を抽出し、そのプロフィールを明らかにしている（2016年6月の講演「炎上から見るネット世論の真実と未来」より）。それによると、炎上加担者の平均世帯年収は670万円で、非加担者（590万円）より高い。役職別に見ると、非加担者に占める部長職が3％であるのに対し、加担者に占める部長職は6％に上る。炎上に加担している確率が高いのは管理職、特に部長という結果だったのだ。

もう一つ、2008年7月にインターネット視聴率調査会社のニールセン（当時ネットレイティングス）が公表した「2ちゃんねる」の年代別利用者層によると、30代が28％、40代が

29％。ネトウヨ気質を育んだと思われる巨大掲示板は、2008年当時すでに中年世代のものだった。炎上加担者に部課長が多いという最新の調査結果と符合する内容である。

過激な物言いや炎上加担はさておき、若者の思想面での保守性についてはどうだろうか。野村総合研究所が2000年以降3年おきに実施している「生活者1万人アンケート調査」で、「日本の国や国民を誇りに思う」かどうかを尋ねている。2000年と2015年を比較すると、「誇りに思う人」の割合は10代男性の場合、44・4％から75・8％へ

**憲法改正の是非の推移**

| 年 | 必要がある | 必要はない |
|---|---|---|
| 2016 | 27% | 31% |
| 2015 | 28% | 25% |
| 2014 | 28% | 26% |
| 2013 | 42% | 16% |
| 2007 | 47% | 20% |
| 2006 | 42% | 19% |
| 2002 | 58% | 23% |
| 1993 | 38% | 34% |
| 1992 | 35% | 42% |

出所：NHK世論調査

**「日本の国や国民を誇りに思う」人の割合（男性）**

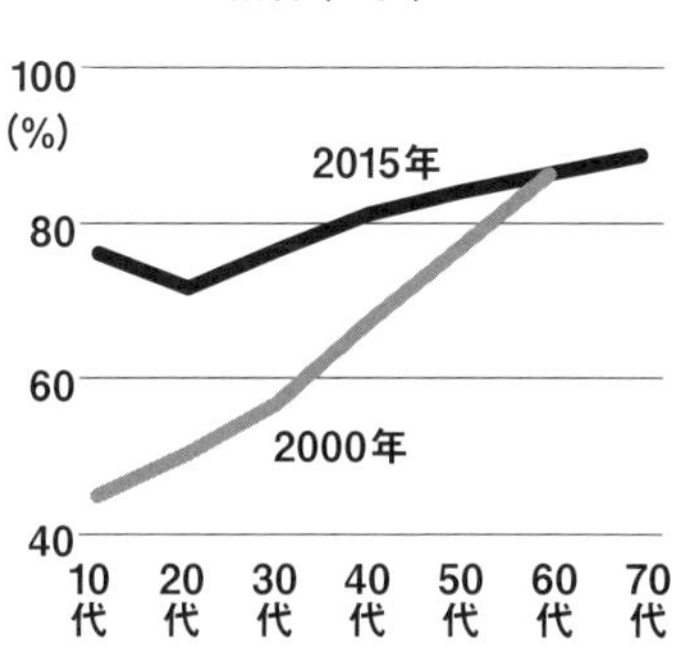


出所：野村総合研究所
「生活者1万人アンケート調査」

と急増している。ただし図のとおり他の世代も全般的に上昇しており、その意味で保守化は全体的な傾向である。ちなみに女性のグラフもほぼ同じ形だ。

## ❖改憲「賛成」は過去20年で最低レベル

これと逆の傾向を示すデータもある。世代別ではなく全体の数字だが、憲法改正の必要性を問うＮＨＫの世論調査では、「必要がある」は過去四半世紀で２０１６年が最も低い数字になっている。１９９０年代半ばに改憲の賛否が逆転して改憲派が大きくリードしてきたが改憲を目指す安倍政権下でいざ現実問題となるにつれて、改憲は支持を失っている。マインドとしては保守寄りでも、集団的自衛権の行使を可能とする安全保障関連法が成立し、これ以上の変化を望まない層が増えたとすれば、一種のバランス感覚が働いていることになるだろう。少なくとも大勢は保守化にイケイケドンドンではない。

韓国・中国を憎悪する本がネット上で絶賛されていても、それは一部の声にすぎない。先の都知事選で、元右翼団体代表の桜井誠氏のクチコミ数は自民党公認の増田寛也氏を超えていた。それでも得票数は増田氏の約１８０万票に対し桜井氏は11万票。クチコミは実態

**売れ筋書籍の傾向**

| 1990年代 | 近年 |
|---|---|
| 『ひ弱な男とフワフワした女の国日本』 | 『住んでみたドイツ 8勝2敗で日本の勝ち』 |
| 『大人の国イギリスと子どもの国日本』 | 『住んでみたヨーロッパ 9勝1敗で日本の勝ち』 |
| 『ゆとりの国イギリスと成金の国日本』 | 『日本に住む英国人がイギリスに戻らない本当の理由』 |
| 『とんでもない母親と情ない男の国日本』 | 『イギリスから見れば日本は桃源郷に一番近い国』 |
| 『ふにゃふにゃになった日本人 しつけを忘れた父親と甘やかすだけの母親』 | 『イギリスに住んで確信! 日本はイギリスより50年進んでいる』 |
| 『なぜ日本人は成熟できないのか』 | 『日本人になりたいヨーロッパ人』 |
| 『お人好しの日本人 したたかなドイツ人』 | 『外国人だけが知っている美しい日本 スイス人の私が愛する人と街と自然』 |
| 『歯がゆい国・日本　なぜ私たちが冷笑され、ドイツが信頼されるのか』 | 『日本嫌いのアメリカ人がたった7日間で日本を大好きになった理由』 |
| 『もどかしい親と歯がゆい若者の国・日本』 | 『外国人が愛する美しすぎる日本』 |
| 『甘やかされすぎるこどもたち 日本人とドイツ人の生き方』 | 『イギリス、日本、フランス、アメリカ、全部住んでみた私の結論。日本が一番暮らしやすい国でした。』 |

以上に増幅しやすい。

　そのうえで一つ気になるのは最近の売れ筋書籍の傾向だ。嫌韓中本と違って差別意識はあまりうかがえないものの、欧州の国々を比較対象にして「日本は素晴らしい国だ」と称賛する書籍の発行が相次いでいる。

　1990年代は今と真逆でかなり自虐的なタイトルの本がよく売れた。その反動なのだろうか。脳天気な日本礼賛にならないよう、注視しておきたい。

column

石田三成

## 滋賀県発ゆるすぎる動画100万回再生、若い女性が来県

2016年の日曜日の夜、ツイッターでよくツイートされる頻出語を示す「トレンド」ワードにNHK大河ドラマの主人公である「真田（丸）」の名がよく表示されたが、同年3月、真田に負けず劣らず目立ったのが「石田三成」だった。

「♪武将といえば三成～」「1560（イチ、ゴー、ロク、ゼロ）滋賀県生まれ～」――。

昭和の世に見られた、こんなローカル局CM風の石田三成PR動画を、滋賀県が3月5日にユーチューブで公開。「配下に寝首をかかれないか心配で」と悩む主婦に「♪配下にするなら三成～」とお薦めし、豊臣秀吉が「忠義心ナンバーワン」と太鼓判を押す場面では「※故人の感想です」というテロップが入り、笑いを誘う。これが大受けして、再生回数は3月31日で100万回を突破した。自治体のプロモーション動画としては異例の大ヒットである。

この動画は、滋賀県が「石田三成発信プロジェクト」の一環として制作したもの。大河ドラマ「真田丸」にも登場する近江の国出身の三成の人物像を広く伝えることで、三成をきっかけに滋賀県の

認知度と好感度の向上を目指す企画である。

なぜこのタイミングで三成だったのか。滋賀県広報課で3月末日までこのプロジェクトを率いた課長補佐の片山昇氏は次のように語る。

「ここ10年近く、『戦国無双』シリーズなど戦国時代を舞台にしたアクションゲームが人気になったり、いわゆる〝歴女〟が話題になったりと武将への注目度が高まっている。三成はこれまで、関ケ原で徳川に負けた敗軍の将であることから良いイメージを持たれていなかったが、ゲームなどではイケメンキャラとして描かれて、若者ファンが増えつつあった。こうした変化を受けて2014年の春、彦根・米原・長浜の3市が連携して『三成会議』を発足し、三成ゆかりの地をめぐる三成タクシーやツアープラン、食事メ

**ハマる人が続出した石田三成PR動画**

ニューを企画している。県としても、三成ブームを起こして県の魅力の発信と観光客の増加を目指そうと考えた」

### クレームを恐れず、ネットで刺さることを優先した決断が奏功

官庁・自治体はもちろん、一般企業でもストップがかかりかねない〝ゆるすぎる〟動画を手がけたのは、電通関西支社所属のクリエイター、藤井亮氏。自治体の殻を打ち破るPR動画が生まれた理由として片山氏は、「打ち合わせの場で『ネットで刺さるものを、振り切って作ってほしい』と依頼し、それに応えていただけた」ことを挙げる。

「三成公をバカにするな」といったクレームがくるかもしれないという不安を抱えながらも、自治体側が腹をくくったことが奏功した。ユーチューブ動画の広告出稿やタイアップ記事を準備していたものの、「バズフィード」などのバイラルメディアで紹介されると一気に再生回数が伸び、広告出稿ゼロでミリオン再生に到達した。

動画効果と思われる成果も早くも出ている。3月26日に滋賀県立大学で開催したシンポジウム「三成フェス」では、一般参加者500人を募集したところ予想を超える800人超の応募があった。しかも、「県外からの応募者は（これまでこうしたシンポジウムにあまり関心を示さなかった）

20～30代の女性が中心だった」（片山氏）という。

3月27日にはPR動画第2弾として短編CM6本を公開。「膨らみすぎた年貢に悩んでる方はいませんか」という消費者金融の過払い請求相談CM風や、会計ソフトのCM風、「レイクビュー佐和山城（跡）」という行楽地CM風など、第1弾に勝るとも劣らない振り切りぶりに、悶絶する視聴者が続出した。

ユーチューブ動画第1弾は「高く評価」が4000件超、「低く評価」が130件弱と実に好反応が97％を占めている。やや悪ノリ含みながらも、義に厚い三成の魅力を、知らない人に面白く分かりやすく伝える意図がしっかりと感じられるところが、ネガティブ反応を引き起こさずに再生回数を伸ばした勝因といえるだろう。

この盛り上がりは、3市が5月から開催した「MEET三成展」の集客につなげることができた。「最終目標は三成が大河ドラマの主役になること」（片山氏）と意気込む。

なお、こちらのCMは、国内最大級の広告賞である全日本CM放送連盟が主催する第56回「ACC CMフェスティバル」において、フィルム部門（テレビCM）でグランプリに次ぐゴールド（金賞）、オンライン部門でシルバー（銀賞）をダブル受賞した。

第3章

# 過去と比較せずに結論づける愚

インバウンド

# ラオックス、営業利益9割減、新店舗を半年で閉鎖 訪日観光客向け商戦は「爆買い」終了で崩壊したか？

インバウンド（訪日観光客）向け消費のバブルが弾けたようだ。官公庁の統計によると、2016年4～6月期の訪日外国人1人当たりの旅行支出は15万9930円で、前年同期比9・9％減少。国・地域別にみると、ベトナムが23万8000円（同13・7％増）、オーストラリアが23万4000円（同4・5％減）と高い水準だが、前年28万5000円だった中国が22・9％減の22万円弱と失速したことが響いた。訪日外国人旅行者の4人に1人超が中国からであるため、影響は大きい。為替レートが前年より円高に振れた影響もある。

逆風をもろに受けたのがラオックスだ。もともと秋葉原を代表する家電量販店だったが経営不振に陥り、２００９年に中国の家電小売りの傘下入り。ブランド品や化粧品を扱う免税店に転換し、そこへ「爆買い」景気が訪れて見事V字回復を果たした。

ところが２０１６年１～６月の売上高は前年同期比22・４％減、営業利益は同90・９％減と厳しい戦いを強いられている。訪日中国人の買い物が、時計などの高級品から化粧品や医薬品など安価な商品にシフトしたことが響いた格好だ。新規出店したばかりの店舗を閉鎖するなど混乱がうかがえる（下図）。インバウンドはもう「オワコン」なのだろうか。

平成 28 年 1 月 18 日
ラオックス株式会社

「ラオックス 札幌パルコ店」 新規出店に関するお知らせ

ラオックス株式会社(本社:東京都港区／代表取締役社長:羅怡文／証券コード:8202、以下「当社」という)は、平成 28 年 2 月 3 日に「ラオックス 札幌パルコ店」を新規出店する運びとなりましたので、お知らせいたします。なお本出店で、北海道エリア 6 店舗目の出店となります。

札幌パルコ店閉店のお知らせ

2016.07.31
平素は、ラオックスをご利用いただきまして誠にありがとうございます。
7月31日をもちまして、ラオックス 札幌パルコ店が閉店となります。
ご来店いただき誠にありがとうございました。
今後もラオックス各店舗へのご来店お待ち申し上げます。

本当は…

## 来日数はまだ増加中、買い物リストに残ることが重要

インバウンド失速と聞くと、あれだけ見かけた外国人観光客の訪日意欲がすっかり減退してしまったのかと勘違いするかもしれない。実際は2016年4〜6月の訪日外国人旅行者数は596万人、前年同期比19%増で過去最高。中国人旅行客もさすがに2013年から2015年にかけての倍増に次ぐ倍増の勢いはないものの、2016年7月は同26・8%増で73万人を超えたようだ。したがって一人当たりの買い物額は減少しても人数は増えているため、4〜6月の中国人旅行客消費額は前年同期比1・5%減とほぼ「行って来い」である。他国からの旅行者は増えているため、全体

※伸び率（%）は前年同月比

| | 4月 | 伸び率 | 5月 | 伸び率 | 6月 | 伸び率 |
|---|---|---|---|---|---|---|
| | 2,081,697 | 18.0 | 1,893,574 | 15.3 | 1,985,722 | 23.9 |
| | 1,734,776 | 18.5 | 1,588,217 | 14.7 | 1,694,539 | 24.3 |
| | 353,660 | 16.1 | 302,088 | -4.2 | 347,365 | 38.1 |
| | 514,867 | 26.9 | 507,094 | 31.0 | 582,453 | 26.0 |
| | 384,164 | 14.6 | 375,476 | 10.5 | 397,840 | 15.2 |
| | 127,246 | 6.4 | 140,045 | 16.1 | 163,103 | 19.0 |

の消費額は7・2%増。まだまだ成長市場と言える。

「熱さまシート」「アンメルツヨコヨコ」「サロンパス」「ハイチオールC」……。中国の大手ネットメディアに、「日本に行ったら絶対に買うべき12の『神薬』」と題した記事が載り、今なお定番品になっている。中国人から見れば、日本のドラッグストアは、本国より安く購入でき、偽物をつかむリスクもなく、品質も高いため、訪日時に薬を購入しようとする意欲は高い。そこへ神12薬のようなキャッチーなお墨付き記事が出ると、それが実際には本国で買える品であっても、SNSで拡散・共有されて訪日予備軍の買い物リストに加わり、実際に購入されるのだ。

したがって来日した旅行客にアプローチするのでは既に遅い。現地で何らかの話題づくりをして興味関心を持ってもらい、買い物候補に加わることが重要だ。

**2016年上半期の訪日客数（人）**

| | 1月 | 伸び率 | 2月 | 伸び率 | 3月 | 伸び率 |
|---|---|---|---|---|---|---|
| 総数 | 1,851,895 | 52.0 | 1,891,375 | 36.4 | 2,009,549 | 31.7 |
| アジア計 | 1,609,529 | 58.1 | 1,675,599 | 39.6 | 1,658,040 | 33.4 |
| 韓国 | 514,889 | 43.8 | 490,845 | 52.6 | 374,057 | 39.5 |
| 中国 | 475,116 | 110.0 | 498,903 | 38.9 | 498,054 | 47.3 |
| 台湾 | 320,963 | 47.9 | 348,971 | 25.7 | 328,400 | 18.2 |
| 香港 | 125,012 | 42.5 | 151,836 | 38.8 | 160,954 | 37.3 |

出所：日本政府観光局（JNTO）

中堅宝飾品販売のサダマッツの取り組みを紹介しよう。中国本土に店舗を持たず知名度が低かった同社は、主力商品「星和縁」で、中国版ツイッターと言われる新浪微博のアカウントを開設。2015年3月には、中国で人気の日本人俳優、古川雄輝さんとアンバサダー契約を結び、広告に起用した。彼は微博で150万人超のフォロワーを持つ。古川さんがネックレスを身に着けた写真投稿は万単位でシェアされ、「どこの商品か」「私も欲しい」と話題になる。起用

上）ドンキの「ウェルカム予約サイト」
右）パルコは帰国後もネット購入が可能

は見事に当たった。サダマツの店舗を訪れた訪日客は、古川さんの店頭ＰＯＰと並んで写真撮影し、ＳＮＳに投稿する。クチコミによってブランドの知名度が上がるのだ。

「驚安の殿堂」ドン・キホーテは、買い物傾向の変化を先取りして品ぞろえをすることで引き続き堅調だ。旅行前に同サイトで希望の商品を予約し、訪日客が指定したドンキ店舗で、商品を受け取ることができる。事前に予約することで、限られた時間で買い物をする訪日客の時間節約につながり、また「来店したが希望の商品が品切れだった」というガッカリも解消する。快適な買い物体験は、良いクチコミにもつながるだろう。

パルコは、館内の各ショップ店員がブログで発信する商品を、取り置きしたり購入したりできるショッピングサイト「カエルパルコ」を２０１４年5月に開設し、翌年春から全店で対応している。このカエルパルコを海外からの注文にも対応させた。

旅行者が帰国後に注文すると、代理業者がパルコから購入してパルコが業者の倉庫に商品を送り、業者が注文客にＥＭＳ（日本郵便の国際スピード郵便）で商品を発送する。自前でショッピングサイトの多言語化や海外発送の体制を整えなくても、海外の消費者を顧客対象にできるようになった。インバウンド景気が頭打ちになったとき、工夫を重ねてきた企業がより優位に立ちそうだ。

味覚調査

# 3割の子どもが味覚を正しく認識できない子どもの味覚に「異変」は本当か?

「子どもの味覚に異変」。2014年10月、NHK「ニュースウオッチ9」でこんなニュースが放送された。子どもたちの味覚について調査したところ、3割の子どもが味覚を正しく感じることができなかったという。以下、箇条書きでその内容を挙げていく。

・東京医科歯科大学の研究グループが2013年、子どもの味覚について調査をした
・対象は、埼玉県内の小学1年生から中学3年生までの約350人
・「甘味」「苦味」「酸味」「塩味」の4つの味覚を認識できるかどうか
・その結果、「酸味」を認識できなかった子どもは全体の21%

・「塩味」は14％。「甘味」および「苦味」は６％の子どもが分からないと回答
・いずれかの味覚を認識できなかった子どもは１０７人で全体の31％
・子どもの味覚の実態が明らかになったのは初めて
・味覚を感じるのは舌にある器官「味らい」は10歳前後に発達する
・味を感じやすい年齢層なのに、その力が低下している
・味覚を認識できな子どもに共通点があった
・加工食品などの味の濃いものや人工甘味料を使った飲み物などを頻繁に口にしていた

ニュースではその後、３つの味覚を感じることができなかった男子児童の食生活に密着。味が濃く脂っこい食べものが好物で、「食べてもらえるようにと味の濃いメニューをつくることが多かった」という親の発言を引き出す。続いて、肥満と診断され生活習慣病の専門外来に通っている男子児童が登場。彼は塩味の強い食べ物を好みがちで、野菜を摂らない。専門医は「濃い味は食が進みやすいため、肥満を引き起こしやすい」と解説した。

そしてニュースは、「子どもの味覚に関する調査は始まったばかり。なぜ味覚が感じられなくなるのか、原因を探る研究が進められる」という記者のコメントで締めくくられた。

このニュース、どう思っただろうか？

本当は…

# 初めて調査したのになぜ「異変」なのか

「食育」は本来、子どもだけのためにある言葉ではないが、それでも子どものときの食習慣は長く影響するため、健やかな成長のためにも健全な食生活の実現が望まれるところだ。

ただし調査対象の小中学生に果たしてどの程度「味覚」の違いを感じる力がそなわっているのか。今回が初めての調査なのだから、「正しく感じることができなかった子どもが3割に上った」といっても、それが多いのか少ないのか、異変なのか昔からさほど変わっていないのか（むしろ減っているのか）、比較する基準がない以上、何とも言いようがない。異変と表現する以上は、「以前は10％台だった子どもの味覚異常が今回30％を超えた」という具合に、過去との比較を出す必要があるだろう。

また、事例として登場する最初の児童は、調査で3つの味覚が分からない子どもだったので、その食生活に迫ってみる意義はある。だが2番目に登場する児童は今回の味覚テストを受けた子ではない。単に濃い味の食べ物が好きで肥満というだけで、味覚異常があるという

小学生（11歳）

肥満傾向の児童の推移

| | 男子 | 女子 |
|---|---|---|
| 2006年 | 11.8 | 10.0 |
| 2011年 | 9.5 | 8.1 |
| 2014年 | 10.3 | 8.6 |

（%）

出典：文部科学省「学校保健統計調査」

説明はない。濃い味が好きな肥満なら大人でもいくらでもいるし、濃い味を好む東北地方と、薄味好みの西日本とで居住者の肥満率や味覚異常者率を調べた方が有意義だろう。

仮に肥満と味覚異常に何らかの関係があるならば、子どもの肥満が増えているデータを示すことで味覚異常も増えている可能性くらいは言及できるかもしれない。だが子どもの肥満率は、文部科学省の「学校保健統計調査」を見る限り、過去10年で横ばい傾向だ。やはり今回のテーマにはそぐわない。

調査をした大学の研究班は初の調査に意欲的に取り組み、NHKは子どもの追跡調査までする力の入れようだった。どちらもミスリードの意図などないのだが、視聴者に伝わったのは「味覚異常の子どもが増えている」という根拠不明なメッセージになってしまっている。

比較対象がないのに増減など変化に言及している記事は、注意して読んだ方がいい。

プロ野球

# 地上波で巨人戦が放映されなくなって久しいプロ野球は「昭和の遺物」「オワコン」か？

「君はウチのエースで4番なんだから、頑張って！　期待してるよ」

「まだ月末まで1週間ある。逆転ホームランといこうじゃないか」

「いやー、あのノーアウト満塁のピンチをよく切り抜けたよな」

「でかした！　超ファインプレーだよ。今夜おごったるわ」

「あいつ仕事が集中してるから、ちょっと肩を作っておいてくれ」

「その企画はちょっと変化球が効きすぎじゃないですか？」

「6回5安打3失点を目標に無難にまとめたいと思います」

１９９０年代までなら日本全国津々浦々の職場でこんな会話が交わされていたはずだが、今どき仕事の状況を都度野球に例えて言おうものなら、女性社員、若手社員に忌み嫌われそうだ。

プロ野球の地上波中継が大幅に減って、それが日常になった。歴代のプロ野球中継高視聴率ランキングをみると隔世の感がある。２０１６年は広島カープの25年ぶりの優勝で盛り上がったとはいえ、広島の主力選手の名前がスラスラと出てくる人はそう多くはないだろう。もう野球オジサンの居場所はないのだろうか。プロ野球は昭和の遺物、「オワコン」なのか？

**セ・リーグ公式戦　高視聴率ランキング**

| | | 番組平均世帯視聴率 | 放送日 |
|---|---|---|---|
| 1 | 中日×巨人 | 48.8% | 1994年10月8日 |
| 2 | 中日×巨人 | 40.5% | 1982年9月30日 |
| 3 | 巨人×阪神 | 39.9% | 1979年6月2日 |
| 4 | 阪神×巨人 | 38.6% | 1982年4月27日 |
| 5 | 巨人×広島 | 37.5% | 1983年6月5日 |
| 6 | ヤクルト×巨人 | 37.3% | 1982年5月5日 |
| 7 | 中日×巨人 | 37.1% | 1996年10月6日 |
| 8 | 大洋×巨人 | 36.7% | 1984年5月21日 |
| 9 | 大洋×中日 | 36.5% | 1982年10月18日 |
| 10 | 広島×巨人 | 36.0% | 1981年6月1日 |

出所：ビデオリサーチ（データは1977年9月26日以降）
http://www.videor.co.jp/data/ratedata/junre/07baseball.htm

本当は…

## 2015～16年の観客動員はセパとも過去最高に近い

プロ野球の人気は現在（2016年シーズン）、過去最高に近い水準にある……。そう聞いたら驚くだろうか？

2016年10月2日時点のプロ野球リーグ別の入場者数を見てみると、セ・リーグが1384万9000人、1試合平均3万2282人。パ・リーグが1110万人、1試合平均2万6000人。2015年を上回ることは確実だ。セ・パともに2012年以降4年連続で増加している。

セ・リーグの1試合平均のピークは1992～94年で、3万3000～3万5000人。2004年を最後に3万人を割り込んだが、2012年から復調し、2015年に3万人台に復活。2016年は90年代後半の水準に戻っている。一方、パ・リーグのデータを見ると、2016年の1試合平均2万6000人は、過去最高だった2004年の2万6800人に肉薄する水準で、歴代2位の動員だった。

毎日のようにテレビでプロ野球中継があって、視聴率20％超が当たり前だった1980年代がプロ野球の黄金期というイメージがあるかもしれない。だが東京ドームが開場し、バブル経済の真っ只中だった1988年でもセ・リーグ1試合平均は3万1382人で、2016年の方が上回っている。

その後ナゴヤドームができてキャパシティーが増えているとはいえ、中日ドラゴンズは88年は優勝、2016年は最下位で、客が増える要素はない。巨人戦頼みの集客ではなく、全体的に底上げがされた成果だと言えるだろう。

パ・リーグは、ダイエーからソフトバン

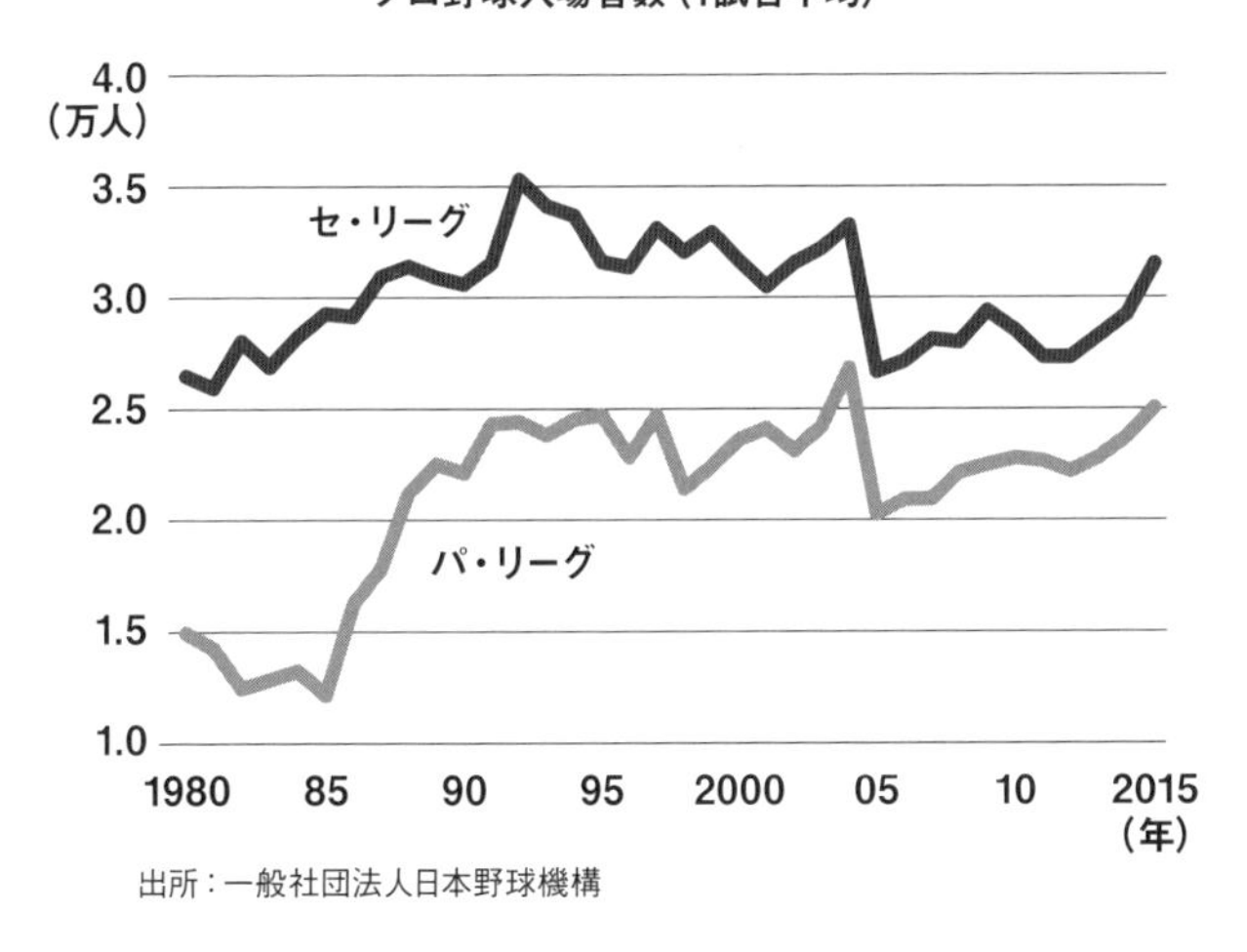

出所：一般社団法人日本野球機構

クへの球団譲渡、近鉄の消滅、楽天の加入、日本ハムの北海道移転といった大きな変化を経て、地域密着型を志向する球団経営が定着し、観客動員を伸ばしている。

かつてのパ・リーグはロッテの川崎球場にしても、強かった阪急の本拠地、西宮球場にしても、客の入りは芳しくなかった。1950年にセ・パ2リーグ制になって以降、パ・リーグは今が最も旬と言っていいだろう。

放っておけば高齢化してしまうプロ野球ファンに、新たに加

**男の子「大人になったらなりたいもの」順位**

| 年 | サッカー選手 | 野球選手 |
|---|---|---|
| 2015 | 1 | 2 |
| 2014 | 1 | 2 |
| 2013 | 1 | 2 |
| 2012 | 1 | 4 |
| 2011 | 1 | 2 |
| 2010 | 1 | 2 |
| 2009 | 2 | 1 |
| 2008 | 2 | 1 |
| 2007 | 3 | 1 |
| 2006 | 2 | 1 |
| 2005 | 2 | 1 |
| 2004 | 2 | 1 |
| 2003 | 1 | 2 |
| 2002 | 2 | 3 |
| 2001 | 2 | 1 |
| 2000 | 2 | 1 |
| 1999 | 2 | 1 |
| 1998 | 4 | 5 |
| 1997 | 2 | 1 |
| 1996 | 1 | 2 |
| 1995 | 1 | 2 |
| 1994 | 1 | 2 |
| 1993 | 1 | 8 |
| 1992 | 2 | 1 |
| 1991 | 3 | 1 |
| 1990 | 4 | 1 |
| 1989 | 4 | 1 |

出所：第一生命保険 第27回「大人になったらなりたいもの」

わったのが、「カープ女子」をはじめとする若い女性ファンだった。巨人は「Ｇ－ｊｏ」、阪神は「ＴＯＲＡＣＯ（トラコ）」、横浜は「ハマっ娘」、オリックスは「オリ姫」、ソフトバンクは「鷹ガール」「鷹嬢」といった名称がついて、スタジアムに活気をもたらしている。

## ❖未来の球児を育てられるか？

プロ野球がオワコンだなんてとんでもない。むしろ第2の黄金期を迎えるのではないかとさえ思えるようなデータがそろい、ファンの裾野が広がっている感がある。

では今後しばらくは安泰かというと、そう簡単ではない。「将来は野球選手になりたい」と思う子どもたちがどれだけいるか？　子どもの頃の野球経験が、野球人口、ファン人口の行く末を左右する。第一生命保険の「大人になったらなりたいもの」調査によると、長らくデッドヒートを繰り広げてきた野球選手とサッカー選手は、２００９年までは野球が優勢だったが、２０１０年以降はサッカーの首位がずっと続いている。サッカーは始める手軽さの点で野球より優位に立つ。テニスも錦織圭選手の活躍で浮上しているように、スター選手の活躍が与える影響は大きい。その意味で、大谷翔平選手の活躍が鍵を握ることになりそうだ。

AKB48

# 知らないメンバーだらけの国民的アイドルグループの人気はいつがピークだったのか？

主力メンバーの卒業が相次ぎ、すっかり馴染みのない顔ぶれになった「国民的アイドルグループ」、ＡＫＢ48グループ。その人気のピークはいつごろだったのか？ がこの項のテーマだ。「これからでしょ」という奇特なファンも一部にはいるかもしれないが、メディア露出は明らかに落ちているし、単独でＣＭにお声がかかるメンバーもめっきり減った。

では、その人気の変遷というか退潮を何らかデータで示してほしいと言われたらどうするか。エム・データ（東京都港区）のようなテレビ番組やＣＭの放送実績データ（ＴＶメタデータ）を蓄積している会社ならば、テレビでの露出を数字で示せそうだ。が、法人が契約するサービスなので、ちょっとした下調べのためには手が出ない。また、同社のメタデータは東京・名古屋・大阪地区で放送された番組・CMが対象なので、九州ローカルの番組に出演しているHKT48は網羅しきれない部分が残りそうだ。

ＡＫＢ48といえば選抜総選挙だ。その投票数は人気のバロメーターと言えるのではないか。そこでまとめてみた。総得票数は２０１１年に前年の37・７万票から一気に１１６・６万票と３倍に増え、２０１３年も前年比倍増の勢いで伸びてきた。ピークは２０１５年の３２８・７万票、２０１６年は３２５・５万票で前年を僅かに下回った。

したがって、グループのピークは２０１５年前後。果たしてこの解釈でいいだろうか？

**AKB48選抜総選挙　得票数の推移**

| 年 | 総得票数 | 1位 | 1位の得票数 |
|---|---|---|---|
| 2016 | 325万5400票 | 指原莉乃 | 24万3011票 |
| 2015 | 328万7736票 | 指原莉乃 | 19万4049票 |
| 2014 | 268万9427票 | 渡辺麻友 | 15万9854票 |
| 2013 | 264万6847票 | 指原莉乃 | 15万0570票 |
| 2012 | 138万4122票 | 大島優子 | 10万8837票 |
| 2011 | 116万6145票 | 前田敦子 | 13万9892票 |
| 2010 | 37万7786票 | 大島優子 | 3万1448票 |
| 2009 | ー | 前田敦子 | 4630票 |

本当は…

## 「私のことは嫌いでも…」（前田敦子、2011）の頃

選抜総選挙の総得票数から2015年をピークだとする見方は、合点がいかないだろう。世間の関心が薄れるのと逆行して、先鋭化した一部の熱狂的なファンが大量投票にしのぎを削った結果のように映るからだ。では総選挙の視聴率はどうか。スポーツ紙などで報道されたビデオリサーチの関東地区の平均は、20％台に乗ったのが2013年のみ。それ以外の年は16～18％台の間で推移していて、はっきりした上げ下げのトレンドを形成していない。そして中継するようになったのが2012年からなので、得票が前年比3倍増えた2011年の視聴率が把握できない。

では、CDシングルの売れ行きならどうだろう。左表のとおり、42枚目で21作連続の初動（発売1週間）ミリオンセラーが途絶えている。ただし毎年5月下旬に発売するCDが選抜総選挙の投票券を兼ねていて年間最高の売り上げとなるため、そうきれいな下り坂にはならない。ピークは3作連続で初動130万枚に達した2011年あたりか。

**AKB48シングル初動売り上げ枚数**

| | | | |
|---|---|---|---|
| 10 | 2008/10/22 | 4万8000 | 大声ダイヤモンド |
| 11 | 2009/3/4 | 6万6000 | 10年桜 |
| 12 | 2009/6/24 | 10万4000 | 涙サプライズ! |
| 13 | 2009/8/26 | 9万1000 | 言い訳Maybe |
| 14 | 2009/10/21 | 17万9000 | RIVER |
| 15 | 2010/2/17 | 31万8000 | 桜の栞 |
| 16 | 2010/5/26 | 51万3000 | ポニーテールとシュシュ |
| 17 | 2010/8/18 | 52万7000 | ヘビーローテーション |
| 18 | 2010/10/27 | 82万7000 | Beginner |
| 19 | 2010/12/8 | 59万7000 | チャンスの順番 |
| 20 | 2011/2/16 | 94万2000 | 桜の木になろう |
| 21 | 2011/5/25 | 133万4000 | Everyday、カチューシャ |
| 22 | 2011/8/24 | 135万4000 | フライングゲット |
| 23 | 2011/10/26 | 130万0000 | 風は吹いている |
| 24 | 2011/12/7 | 119万9000 | 上からマリコ |
| 25 | 2012/2/15 | 128万7000 | GIVE ME FIVE! |
| 26 | 2012/5/23 | 161万7000 | 真夏のSounds good! |
| 27 | 2012/8/29 | 118万2000 | ギンガムチェック |
| 28 | 2012/10/31 | 112万9000 | UZA |
| 29 | 2012/12/5 | 107万3000 | 永遠プレッシャー |
| 30 | 2013/2/20 | 103万6000 | So long! |
| 31 | 2013/5/22 | 176万3000 | さよならクロール |
| 32 | 2013/8/21 | 133万0000 | 恋するフォーチュンクッキー |
| 33 | 2013/10/30 | 120万4000 | ハート・エレキ |
| 34 | 2013/12/11 | 103万3000 | 鈴懸の木の道で～ |
| 35 | 2014/2/26 | 109万1000 | 前しか向かねえ |
| 36 | 2014/5/21 | 166万2000 | ラブラドール・レトリバー |
| 37 | 2014/8/23 | 100万6000 | 心のプラカード |
| 38 | 2014/11/26 | 113万0000 | 希望的リフレイン |
| 39 | 2015/3/4 | 100万1000 | Green Flash |
| 40 | 2015/5/20 | 167万3000 | 僕たちは戦わない |
| 41 | 2015/8/26 | 127万8000 | ハロウィン・ナイト |
| 42 | 2015/12/9 | 90万5000 | 唇にBe My Baby |
| 43 | 2016/3/9 | 123万8000 | 君はメロディー |
| 44 | 2016/6/1 | 144万1000 | 翼はいらない |
| 45 | 2016/8/31 | 117万8000 | LOVE TRIP |

出所：オリコン調査の報道より（10枚目シングル以降）

成人式を迎えたメンバー

| | | |
|---|---|---|
| 2012年1月 | 20人 | 前田敦子、高橋みなみ、板野友美、柏木由紀、北原里英、松井玲奈、須田亜香里、高柳明音、河西智美、高城亜樹、仲川遥香、ほか |
| 2013年1月 | 17人 | 指原莉乃、横山由依、峯岸みなみ、島田晴香、大場美奈、柴田阿弥、福本愛菜、山田菜々、ほか |
| 2014年1月 | 26人 | 渡辺麻友、島崎遥香、山本彩、渡辺美優紀、永尾まりや、市川美織、ほか |
| 2015年1月 | 22人 | 川栄李奈、武藤十夢、岩佐美咲、小笠原茉由、上西恵、多田愛佳、ほか |
| 2016年1月 | 32人 | 入山杏奈、木崎ゆりあ、ほか |

乃木坂がAKB超え、欅坂は早々に支店ナンバーワン

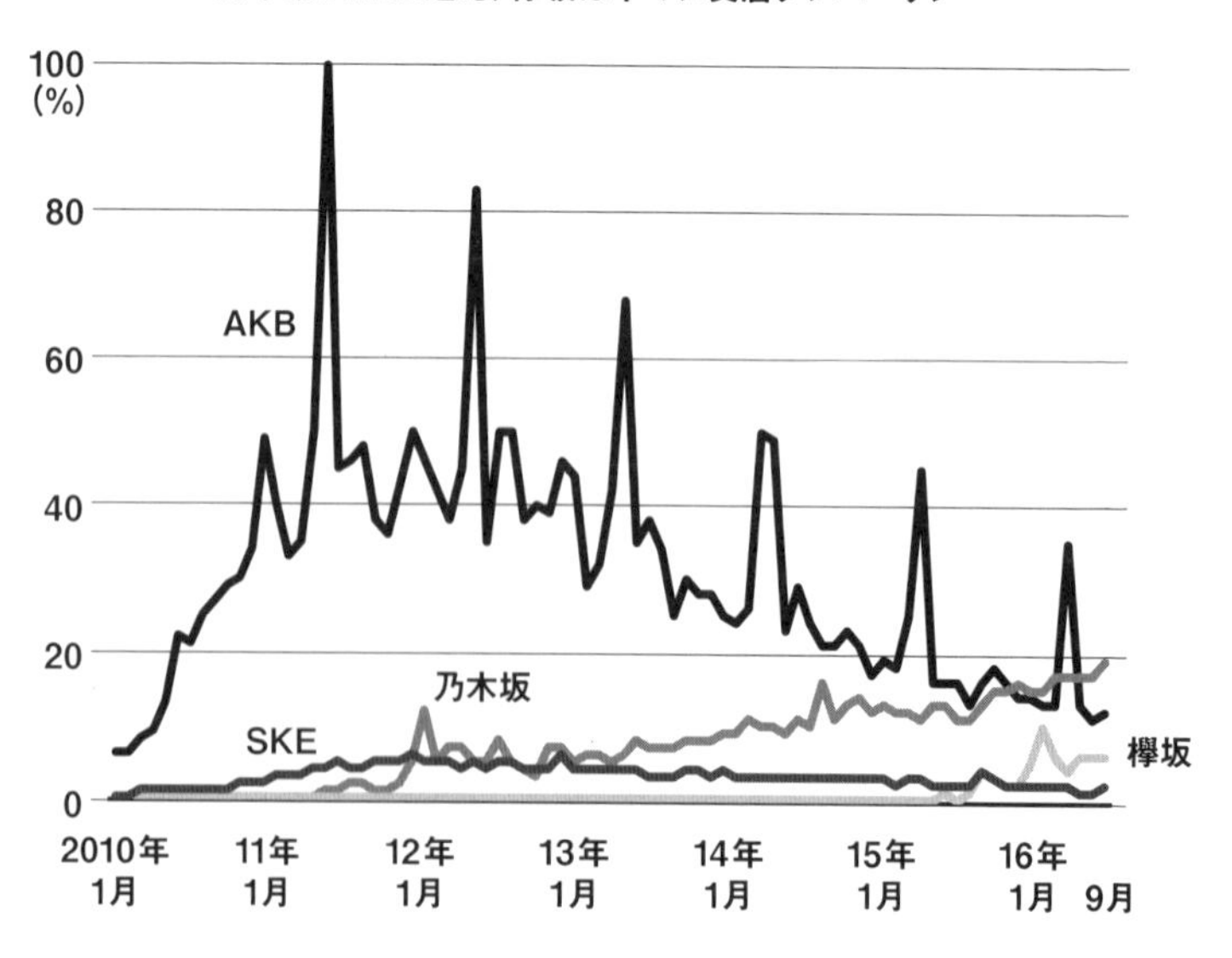

では総選挙の影響なく初動130万枚が続いた2011年がピークだとして、2016年8月発売の45枚目は117・8万枚なので、2016年時点の人気はピーク時の1割減くらいと考えてよいか？　いや、CDシングルは握手券を兼ねていてやはり熱狂的なファンの大量買いが支えているので、一般的な人気、話題性のバロメーターにはなりにくい。

そんな場合に利用したいのが、検索数を指標化してその推移を把握できる「グーグル トレンド」だ。複数のキーワードを入力して、指定期間にどちらがより多く検索されたか、増加傾向なのか減少傾向なのか、折れ線グラフで図示してくれる。最も検索数が多かったキーワードの時期を100として指数化するので、「AKB」を入力すると、2011年6月が過去最も検索数が多かったことが分かる。第3回の総選挙で前田敦子さんが1位に返り咲き、「私のことは嫌いでもAKBのことは…」という名フレーズが生まれた時期だ。その後は毎年総選挙の6月に跳ね上がりながらも、下降線をたどっている。

そしてこの調べものをして分かったことだが、AKB48の公式ライバルを名乗る乃木坂46が2016年7月以降、一般的な人気や話題性が表れる検索ボリュームにおいて、AKB超えを果たしている。妹グループの欅坂46も、SKE48などAKBの支店グループをすでに上回っている。坂道グループの時代に移っていることがデータで明らかになった。

column

インスタ

## 20代女性、インスタグラムで検索から購入へ

「検索エンジン離れ」がおきている、と言われる若者の情報収集スタイルはどうなっているのか？「日経デジタルマーケティング」が、マクロミルの協力を得て全国20～40代の男女300人にアンケート調査を実施したところ、20代女性がインスタグラムで検索している姿が浮かび上がった。

まず、検索に使うサイトについて複数回答してもらったところ、トップはグーグル、僅差でヤフー！ジャパン。インスタグラムは7・7％に過ぎない。ただし20代女性（50人）限定で見ると、インスタグラムが12人で約4人に1人の割合だった（図1）。

ちなみにマクロミルが2016年の新成人を対象にした調査では、新成人女性のツイッター利用率は77・6％、同インスタグラム利用率は35・2％だった。したがって仮に20代女性のインスタグラム利用率も35％程度とすると、20代女性インスタグラム利用者の約7割がインスタ検索をしている計算になる。同ツイッター利用者のうちツイッター検索をする人は4割を切ることから、インスタ検索が20代女性限定で一般化している様子がうかがえる。

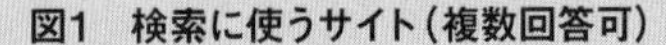
図1　検索に使うサイト（複数回答可）

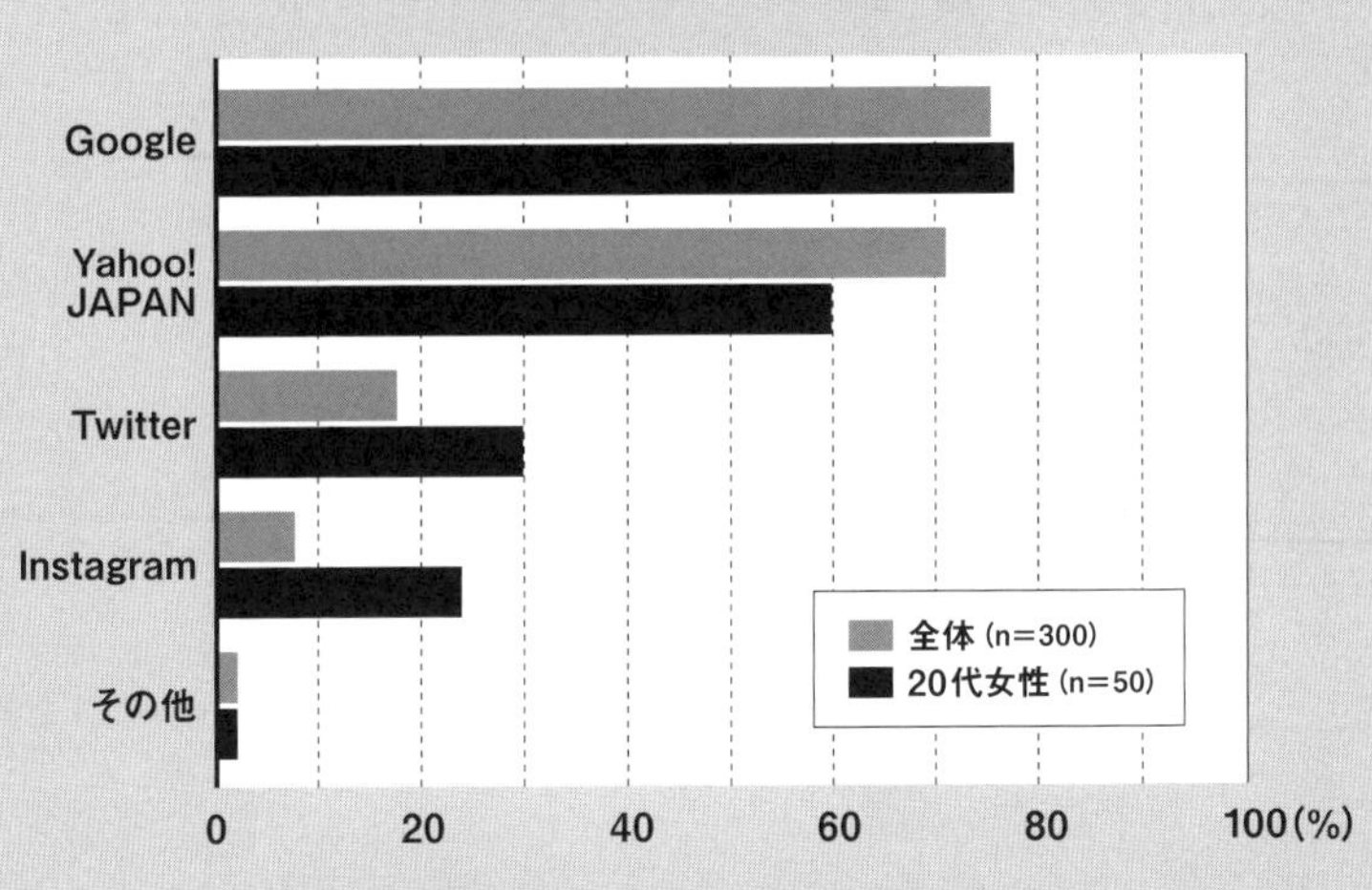


図2　検索利用頻度の変化（1年前比）

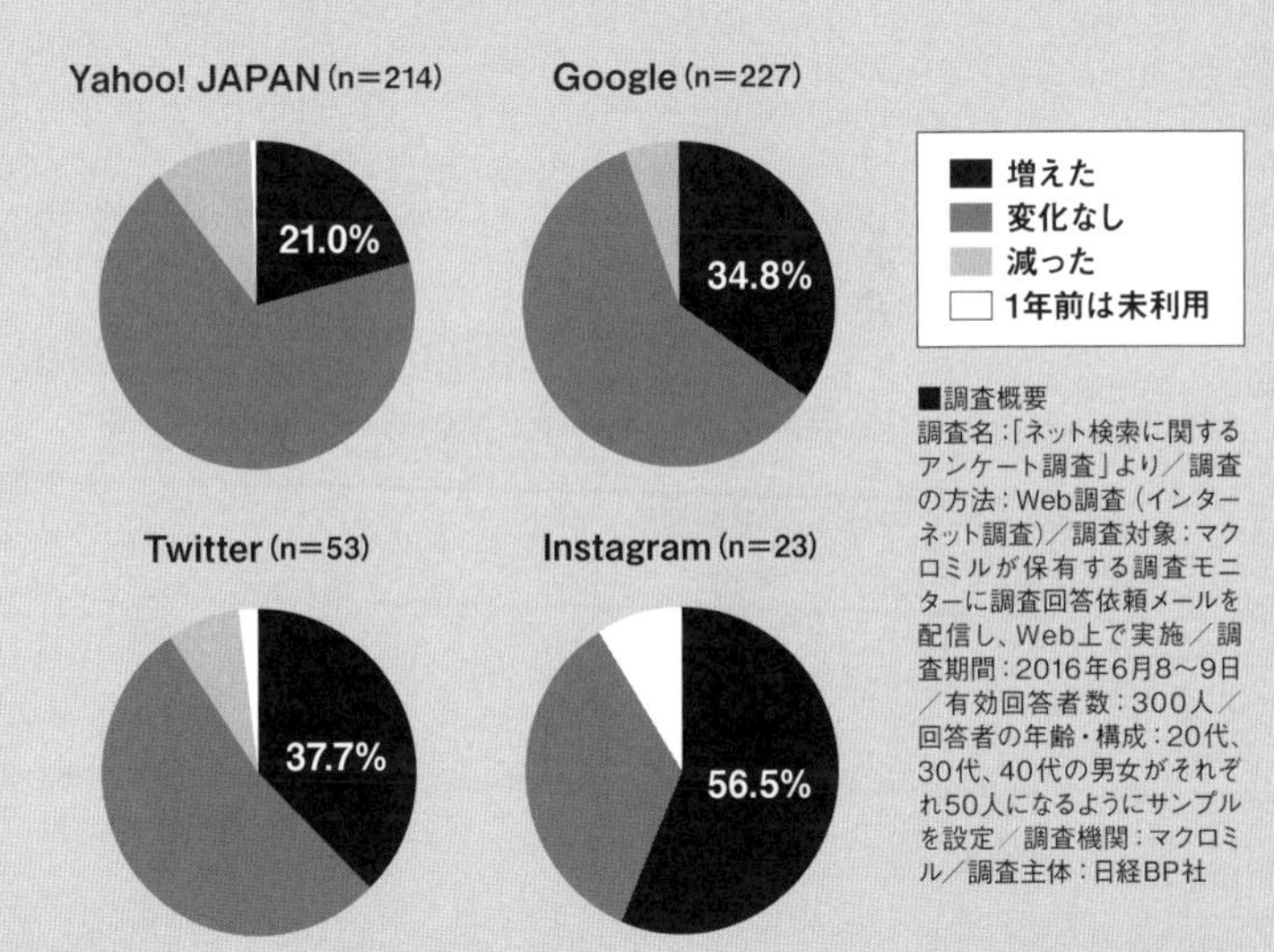


■調査概要
調査名：「ネット検索に関するアンケート調査」より／調査の方法：Web調査（インターネット調査）／調査対象：マクロミルが保有する調査モニターに調査回答依頼メールを配信し、Web上で実施／調査期間：2016年6月8～9日／有効回答者数：300人／回答者の年齢・構成：20代、30代、40代の男女がそれぞれ50人になるようにサンプルを設定／調査機関：マクロミル／調査主体：日経BP社

図3　夏に着たい「Tシャツ」を探す場合（複数回答可）

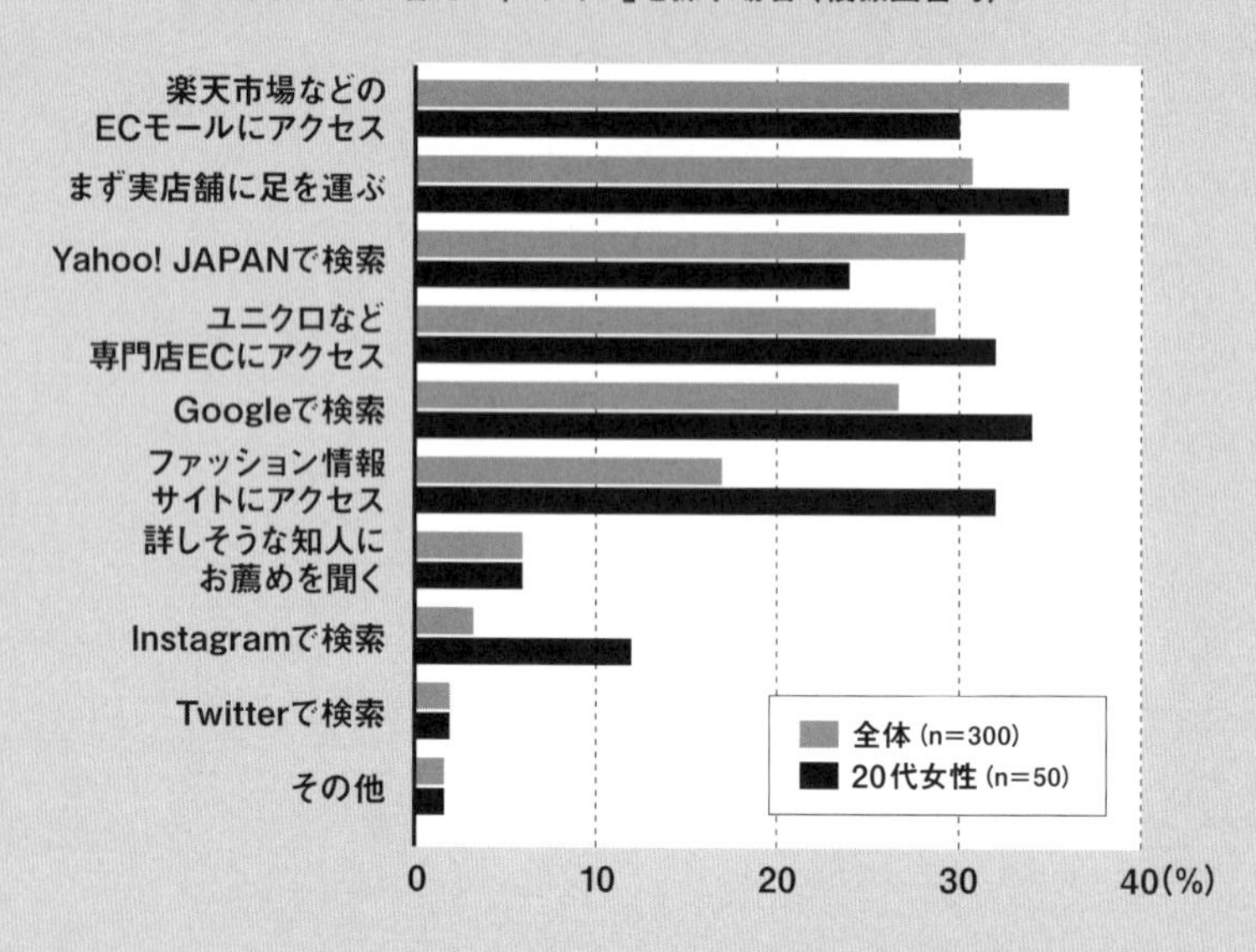


図4　「タックスヘイブン」という言葉の意味を知りたい場合（複数回答可）

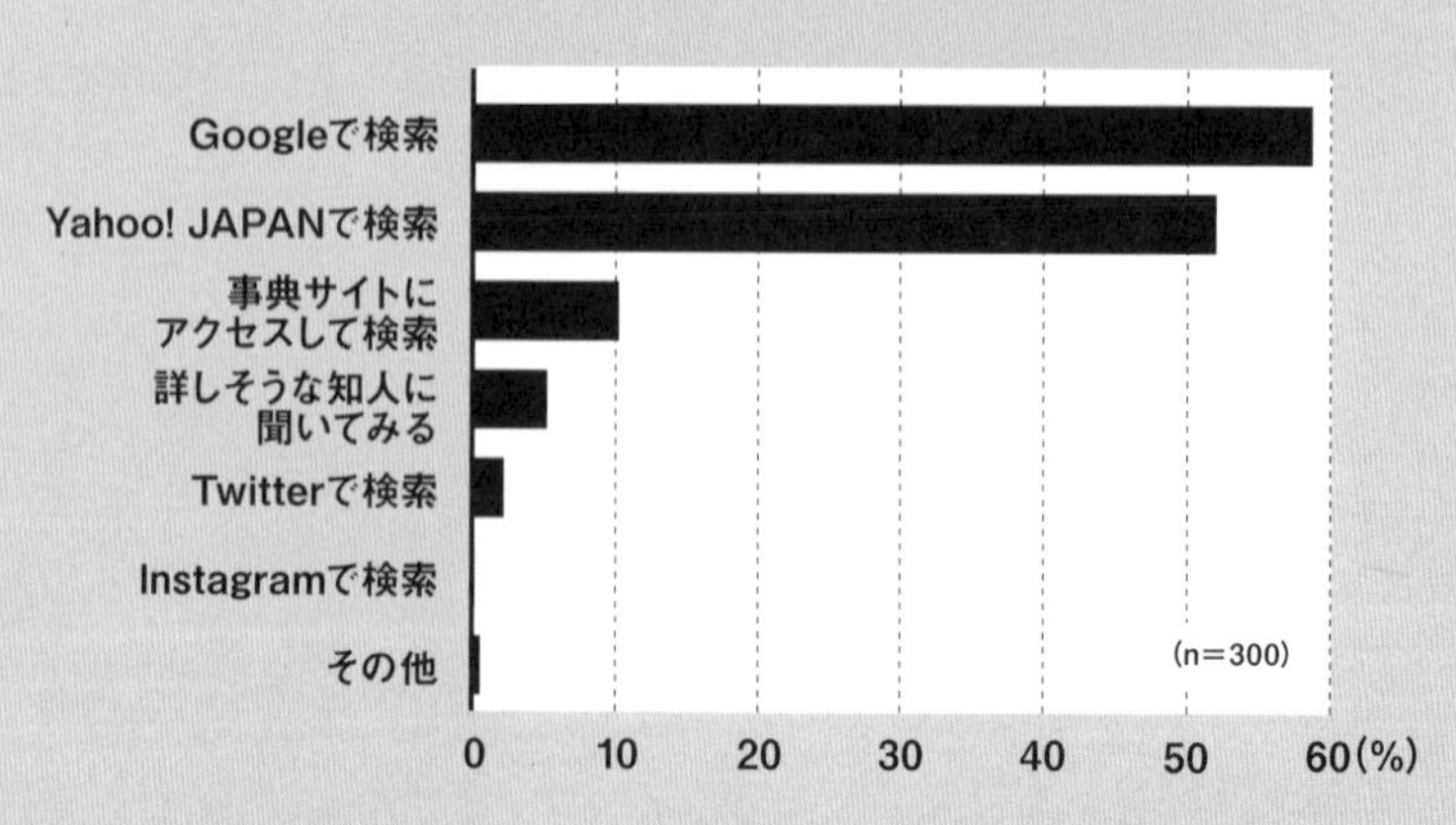

検索頻度の変化について。1年前と比べて検索頻度の変化を尋ねたところ、いずれも「増えた」が「減った」を上回っていた（図2）。ただしヤフー!を20代男女限定で見ると、増減は互角だった。

では欲しいものがある場合、どんな情報収集をするか。「夏に向けてTシャツの購入を検討している」という設定で尋ねたところ、全体では「楽天市場などのECモールにアクセス」「まず実店舗に足を運ぶ」「ヤフー!やグーグルで検索」「ユニクロなどの専門店ECにアクセス」という選択肢が上位を占めた（図3）。

全体と20代女性限定を見比べると、「ファッション情報サイトにアクセス」は全体が17・0%に対し32・0%、「インスタグラムでキーワード検索」は全体が3・3%に対し12・0%と大きな乖離があった。

若者は闇雲にインスタグラムやツイッターで検索していない。「タックスヘイブン」の意味を知りたいという設定で尋ねると、インスタグラムとツイッターを挙げる人はほとんどおらず、グーグルとヤフー!に回答が集中する（図4）。リアルタイムの状況把握はツイッターで、お気に入りの柄やデザインはインスタグラムで、言葉の意味や定義はグーグルやヤフー!でと、知りたいことに応じて検索サービスをうまく使い分けている。ちなみに、検索に最もよく使う端末は、若者×女性がスマホ、中年×男性がパソコンと見事に割れていた。

# 第4章

# 増えた（減った）理由は他にないか？

喫茶店

# 店舗数は1981年のピーク時から半減 チェーン店全盛、個人経営店は時代遅れか？

扉を開けるとどこか懐かしい昭和の佇まいを感じさせる、「純喫茶」と呼ばれるタイプの喫茶店を街中で見かけなくなって久しい。今はどの街に降り立っても、ドトールコーヒー、スターバックスコーヒー、タリーズ、カフェ・ド・クリエ、ベローチェといったチェーン店ばかりである。

それは統計データにもはっきりと表れている。総務省統計局の経済センサス（旧事業所・企業統計調査）によると、喫茶店の事業所数は、1975年の9万2137軒から6年後の1981年には15万4630軒にまで増加したが、そこをピークに減少の一途だ。1999

年には10万軒を割り、2014年には7万軒を下回る6万9983軒とピーク時の半分以下にまで落ち込んでいる。ピークの前年(1980年)にドトールが産声を上げ、ピークから15年後の1996年にスタバが上陸、それから早20年が経過した。

コーヒーチェーンのブレンドコーヒーは、Sサイズで200円台。マクドナルドをはじめバーガーチェーンもコーヒーをそろえている。個人経営の喫茶店はどうしたって割高になる。その分、長居する客が多いので回転率は低め。経営効率の面では分が悪い。分煙するほどのスペースがなく喫煙可能なため、嫌煙派は敬遠する。コンビニ各社もコーヒーマシンを設置し、手軽に淹れたてのコーヒーを飲めるようになった。缶コーヒーも、日本コカ・コーラのコーヒーブランド「ジョージア」がコーヒー専門店の猿田彦珈琲と共同開発に取り組むなどクオリティーが上がっており、コーヒー業界の競争は激しさを増している。個人経営の喫茶店は、時代に取り残された斜陽産業で、廃れる運命なのだろうか?

喫茶店の事業所数(個所)

|  |  |
|---|---|
| 1975年 | 92137 |
| 1981年 | 154630 |
| 1986年 | 151054 |
| 1991年 | 126260 |
| 1996年 | 101945 |
| 1999年 | 94251 |
| 2001年 | 88933 |
| 2004年 | 83684 |
| 2006年 | 81062 |
| 2009年 | 77036 |
| 2012年 | 70454 |
| 2014年 | 69983 |

本当は…

## コメダは昭和型で成功、「減少＝不人気」とは限らず

店舗数が減少の一途というデータを目の当たりにすると、人気が下降している斜陽産業、そんな風に解釈しがちだ。個人経営の喫茶店についても、「古きよき昭和の喫茶店は顧客ニーズを満たさなくなって廃れたのだ」と解釈するかもしれない。

「必ずしもそうとは限らないケースもあるので注意が必要」と釘を刺すのは、マーケティングコンサルタントの山本直人氏だ。大手飲料メーカーやＩＴ企業など多くの企業で研修のカリキュラム作りや講師を務め、データの見方についても解説している。

### 昔ながらの喫茶店を持ち味とするチェーンが増加中

「実際に喫茶店に行ってみてください。もちろん足を運ぶ店舗によるけれど、想像以上の盛況ぶりに驚くはず。マスターと会話すれば、喫茶店の減少は客の喫茶店離れというより

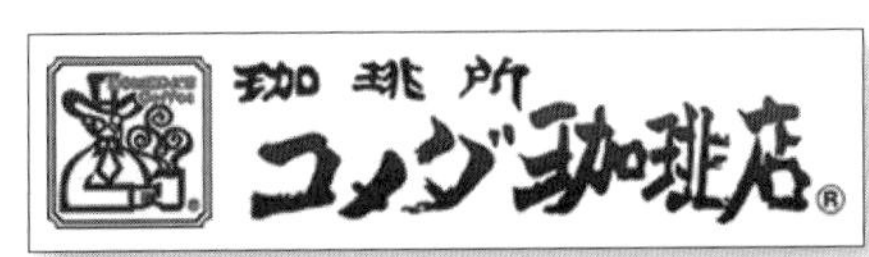

椿屋珈琲店

Cafe
Miyama

コメダ珈琲店の全国展開成功で、競合他社もフルサービス型の店舗を強化

も後継者不在で閉店を余儀なくされているケースが多いことが分かります」（山本氏）

決して昭和の喫茶店スタイルが嫌われたわけではないことがフィールドワークを通じて見えてくると、それは昔ながらの喫茶店の雰囲気が色濃く残るコメダ珈琲店が東京にも進出して出店をペースアップしていることと符合する。ドトールコーヒーと経営統合した日本レストランシステムがコメダ対抗の「星乃珈琲店」を、銀座ルノアールも同コンセプトの「カフェ・ミヤマ」を出店している。

ドトールやスタバ型のカウンター注文ではなく、店員が注文を取りに来て運んでくれるフルサービス型の喫茶店に居心地の良さを感じる昭和スタイル喫茶店のファンは多いのだ。

リリース

# 年間のプレスリリース配信本数は月曜が少ない メディアに載るためには月曜配信が穴場か?

企業の広報部門は、新商品・サービスの案内やキャンペーンのお知らせ、研究開発の成果、財務状況、CSR活動などさまざまな企業活動の情報をプレスリリースの形でサイトに公開し、新聞社などメディア各社に送っている。競合他社よりも自社が多くのメディアで大きく採り上げられれば、消費者の注目度も高まるため、リリースには自社商品の優位点を網羅し、写真を添付するなどして、記事化を目指している。

「プレスリリース出すなら何曜日か、企業リリースポータルサイトJPubb、リリース発表日の曜日別分布データを公開」

２０１０年8月とやや古い話になるが、広報担当者にとっては気になるこんな調査結果が公開された。調査したのは、上場・主要企業・団体のリリースを集約したポータルサイト「ＪＰｕｂｂ（ジェイパブ）」を運営するレッドクルーズ（東京都港区）。リリース発表日を曜日別に年間集計したもので、「発表日は平日に集中」し、「平日では、木曜日が最も多く、月曜が最も少ない」という結果だった。

これは発表当時、リリース配信本数が少ない曜日を狙い打てば、メディア掲載の競争率が低くなると期待する広報・マーケティング関係者の間で話題になった。

このグラフを見て、あなたが広報担当者なら、自社のリリース配信曜日についてどう考えるか。

年間でリリース配信本数が少ない月曜は狙い目？

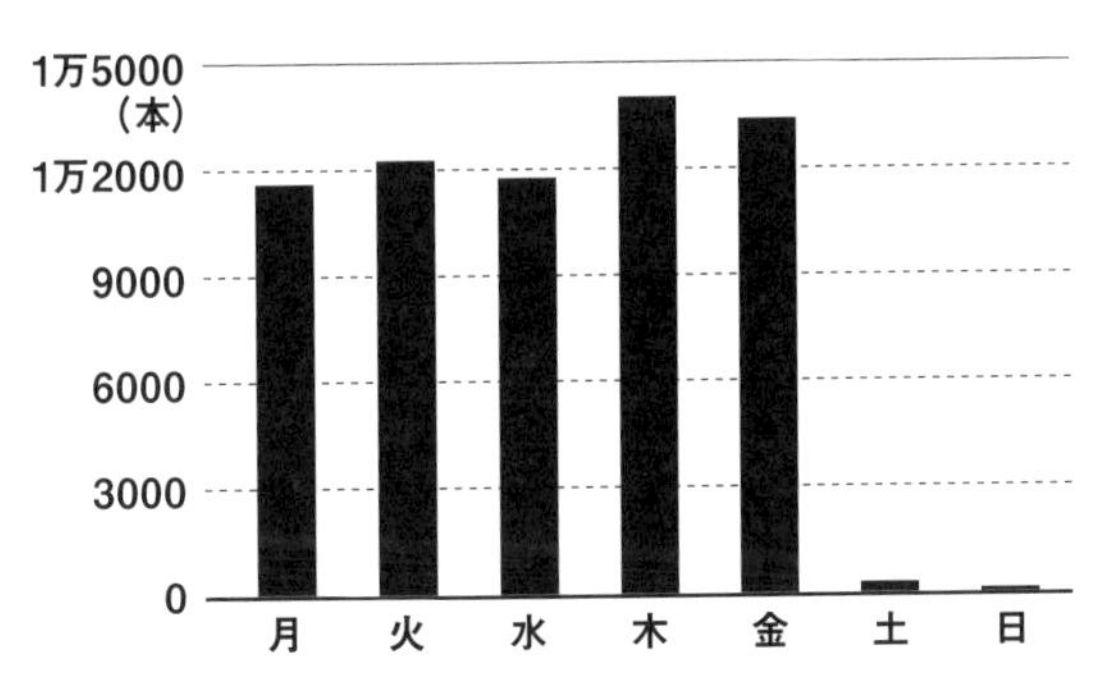


出所：レッドクルーズ（2009年8月～2010年7月）

本当は…

## 月曜日は祝日が多いから年間で少ないだけ

「月曜日が穴場だ！」と思った人は、ちょっと待ってほしい。

このデータは、２００９年８月から２０１０年７月の1年間にジェイパブに載ったプレスリリース全６万３４８１本の曜日別の「合計」であって、「平均」ではない。リリースは土・日・祝日にはほとんど発表されないので、年間で平日の日数が多い曜日がリリース本数も多くなりやすい。したがって、「祝日３連休化」でたびたび祝日になる月曜日はリリースが少なくて当たり前なのだ。

そうなると関心事は、祝日3連休化を考慮してもなお、週始めの月曜日はリリースが少ないのか、それとも考慮すればほかの曜日と大差ないのか、あるいは他の曜日よりも多くなってしまうのか、に移る。

そこでジェイパブのデータを基に、曜日別の平日1日当たり本数を試算してみた。

２００９年８月～２０１０年７月の年間52週から、リリースが出にくい年末年始・お盆・

ゴールデンウイークを各1週ずつ計3週を引き、さらにその期間以外の祝日日数を引いて、曜日別の平日日数を求める。

## ❖月曜日に6回の祝日があった

・月曜　43回（52－3－6＝43）
　敬老の日（2009年9月21日）、体育の日（2009年10月12日）、勤労感謝の日（2009年11月23日）、成人の日（2010年1月11日）、春分の日の振替休日（2010年3月22日）、海の日（2010年7月19日）、

・火曜　47回（52－3－2＝47）
　国民の祝日（2009年9月22日）、文化の日（2009年11月3日）

・水曜　47回（52－3－2＝47）
　秋分の日（2009年9月23日）、天皇誕生日（2009年12月23日）

・木曜　48回（52－3－1＝48）
　建国記念の日（2010年2月11日）

・金曜　49回（52－3＝49）
２００９年８月～２０１０年７月は、金曜の祝日はなかった。

ジェイパブの曜日別合計値をこの数字で割って１日あたりの平均本数を算出すると、

・月曜　２７０本（１万１６０７÷43＝２６９・93…）
・火曜　２６１本（１万２２６０÷47＝２６０・85…）
・水曜　２５０本（１万１７５１÷47＝２５０・02…）
・木曜　２９２本（１万４００８÷48＝２９１・83…）
・金曜　２７３本（１万３３７９÷49＝２７３・04…）

本数最大は木曜。次いで金曜と月曜がほぼ拮抗。以下、火曜、水曜の順になった。「単純合計」ではなく平

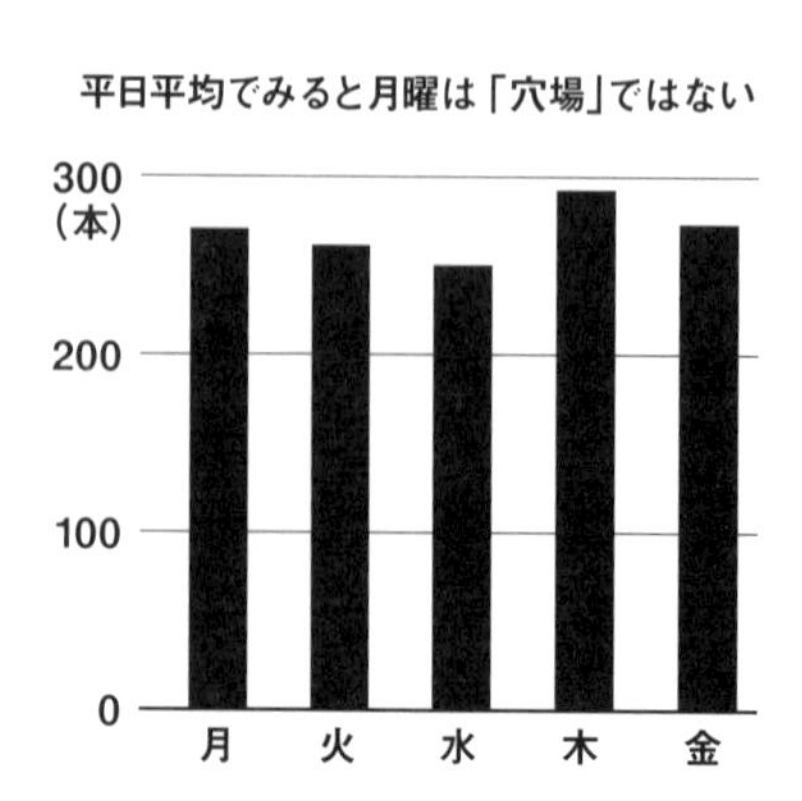

日換算の「平均」で見ると、月曜の本数はジェイパブのリリースの印象とはかなり異なったものになる。

## ❖月曜が少ない理由をまず考えてみる

ジェイパブのリリースでは、タイトルに「プレスリリース出すなら何曜日か」と銘打ち、「月曜が最も少ない」という集計結果を出した上で、「発表が集中しやすい木曜日や金曜日はなるべく避けてみるなど、発表計画を考える際のひとつの参考に」と提案している。レッドクルーズ側は取材当時、「リリースを出すのが何曜日が最適かは結論づけていない」と回答したが、「(単純合計が少ない)月曜日を奨励している」と読み手が解釈する可能性は高く、実際、そのようなツイートが一部で飛び交っていた。

リリースやニュースの読み手としては、「月曜が少ない」と聞いてすぐに鵜呑みにせず、「少ない要因として何があるだろうか」と一呼吸置けば、祝日の影響にも考えが及ぶ。広報関係者に限らず、多面的なデータの見方が求められる。

英語教員

## 英検準1級、TOEIC730超の教員は3割 このレベルでグローバル人材教育は可能か?

公立中学校で英検準1級相当以上の資格やスコアを持つ英語教員は3割……。2016年4月、文部科学省が発表した「2015年度の英語教育実施状況調査」で明らかになった数字である。調査したのは2015年12月。文科省は公立中高の英語教員に対して、大学中級程度とされる英検準1級以上のレベルを求めている。同水準のTOEICスコア730点以上、TOEFL iBT80点以上の取得者も対象に含めて取得率を調査し、都道府県単位で公開した。左ページの表は公立中学校の英語教員の結果をランキングにしたものだ。

トップは福井で51・7%と唯一半数を超えた。2位に富山、4位に石川と北陸勢の教員の取得率が高い。反対に、20％を切ったワースト4県は、岩手、福島、青森、山形という東北勢だった。全国平均の取得率は30・2％だった。

多忙で受験できていない教員もいるため、準1級に満たない英語力の教員が7割もいるとは単純に言えないものの、英語教育が注目される現在、いささか心もとない数字である。この結果、どう考えるか。

**公立中英語教員で英検準1級以上取得者割合が高い都道府県ランキング（％）**

| 順位 | 都道府県 | ％ | 順位 | 都道府県 | ％ | 順位 | 都道府県 | ％ |
|---|---|---|---|---|---|---|---|---|
| 1 | 福井県 | 51.7 | 17 | 佐賀県 | 29.5 | 33 | 秋田県 | 26.1 |
| 2 | 富山県 | 48.7 | 18 | 香川県 | 29.4 | 34 | 長崎県 | 25.9 |
| 3 | 東京都 | 45.3 | 19 | 静岡県 | 28.8 | 35 | 島根県 | 25.8 |
| 4 | 石川県 | 41.8 | 19 | 宮崎県 | 28.8 | 36 | 鳥取県 | 25.7 |
| 5 | 広島県 | 41.1 | 21 | 栃木県 | 28.5 | 37 | 奈良県 | 25.3 |
| 6 | 徳島県 | 41.0 | 22 | 宮城県 | 28.1 | 37 | 和歌山県 | 25.3 |
| 7 | 神奈川県 | 36.6 | 23 | 長野県 | 28.0 | 39 | 岐阜県 | 23.7 |
| 8 | 滋賀県 | 35.9 | 24 | 鹿児島県 | 27.9 | 40 | 岡山県 | 23.1 |
| 9 | 愛知県 | 34.5 | 25 | 北海道 | 27.8 | 41 | 茨城県 | 22.9 |
| 10 | 沖縄県 | 34.2 | 25 | 大阪府 | 27.8 | 42 | 高知県 | 22.1 |
| 11 | 山口県 | 32.8 | 27 | 愛媛県 | 27.4 | 43 | 山梨県 | 21.4 |
| 12 | 三重県 | 32.0 | 28 | 群馬県 | 27.0 | 44 | 山形県 | 19.6 |
| 13 | 大分県 | 30.9 | 29 | 京都府 | 26.7 | 45 | 青森県 | 18.2 |
| 14 | 兵庫県 | 30.5 | 30 | 埼玉県 | 26.6 | 46 | 福島県 | 16.6 |
| 15 | 千葉県 | 30.3 | 31 | 熊本県 | 26.5 | 47 | 岩手県 | 14.6 |
| 16 | 新潟県 | 29.7 | 32 | 福岡県 | 26.3 | | 全国平均 | 30.2 |

出所：文部科学省「公立中学校・中等教育学校（前期課程）における英語教育実施状況調査」平成27年度

本当は…

# 教員のTOEICスコアと生徒の成績に相関なし

英語教員の英語力の水準が都道府県別に大方見えたところで、気になるのは「では、生徒たちの英語力はどうなのか?」だろう。こちらも文科省が同じ調査で全国の公立中学・高校約1万3000校の中学3年生、高校3年生を対象に調べている。基準は、中3生が英検3級(中学卒業レベル)、高3生が英検準2級(高校生レベル)相当。教員が日頃の授業などでその力量があると判断した生徒も含めて集計している。

## ❖秋田メソッドが威力を発揮

中3生で英検3級相当者の比率が高い都道府県ランキングは左表のとおり。トップは52・1%と唯一半数を超えた千葉。2位に秋田が続いた。

秋田県は、全国の小6生と中3生を対象に年1回実施している全国学力テストで3年連続で全国トップの成績をあげており（2013～2015年）、教育関係者の間で注目の的になっている。2001年から少人数学習推進事業に多額の予算を割り当て、少人数学級・少人数学習を全国に先駆けて導入。子ども一人ひとりの学習状況を調査し、学習の成果や課題を把握した上で指導に生かしている。こうした積み重ねが結果に表れているようだ。

**英検3級以上を持つ中3生の割合が高い都道府県ランキング（%）**

| 順位 | 都道府県 | % |
|---|---|---|
| 1 | 千葉県 | 52.1 |
| 2 | 秋田県 | 48.6 |
| 3 | 東京都 | 47.9 |
| 4 | 石川県 | 47.8 |
| 5 | 福井県 | 42.7 |
| 6 | 神奈川県 | 41.9 |
| 7 | 埼玉県 | 41.6 |
| 8 | 鳥取県 | 40.7 |
| 9 | 群馬県 | 40.4 |
| 9 | 京都府 | 40.4 |
| 11 | 和歌山県 | 39.9 |
| 12 | 茨城県 | 39.8 |
| 13 | 広島県 | 39.5 |
| 14 | 徳島県 | 39.1 |
| 15 | 富山県 | 38.4 |
| 16 | 宮崎県 | 37.7 |
| 17 | 滋賀県 | 36.8 |
| 18 | 鹿児島県 | 36.3 |
| 19 | 愛媛県 | 36.2 |
| 20 | 青森県 | 35.5 |
| 21 | 宮城県 | 35.4 |
| 22 | 栃木県 | 35.3 |
| 23 | 岡山県 | 35.0 |
| 24 | 岐阜県 | 34.3 |
| 25 | 奈良県 | 34.1 |
| 26 | 静岡県 | 33.9 |
| 26 | 大分県 | 33.9 |
| 28 | 長野県 | 33.7 |
| 28 | 兵庫県 | 33.7 |
| 30 | 岩手県 | 32.8 |
| 31 | 長崎県 | 32.7 |
| 32 | 佐賀県 | 32.4 |
| 33 | 福島県 | 32.0 |
| 34 | 香川県 | 31.9 |
| 35 | 愛知県 | 31.6 |
| 36 | 福岡県 | 31.5 |
| 37 | 三重県 | 31.4 |
| 38 | 新潟県 | 30.5 |
| 39 | 山梨県 | 30.4 |
| 40 | 山形県 | 29.4 |
| 41 | 沖縄県 | 29.2 |
| 42 | 大阪府 | 28.9 |
| 43 | 山口県 | 28.7 |
| 44 | 北海道 | 28.1 |
| 45 | 島根県 | 27.7 |
| 46 | 熊本県 | 26.9 |
| 47 | 高知県 | 25.8 |
|  | 全国平均 | 36.6 |

出所：文部科学省「公立中学校・中等教育学校（前期課程）における英語教育実施状況調査」平成27年度

さて、文科省が英語教員の英検準1級の取得率をわざわざ調査したのは、教員の英語力向上が生徒の英語力向上につながると考えたからだ。

では、中3生の英検2級取得率がトップだった千葉県は、やはり教員の準1級取得率もトップクラスだったのかというと、全国平均とほぼ同じ30・3%で15位だった。生徒ランキング2位の秋田県にいたっては、教員取得率は全国平均を下回る26・1%で33位だ。東京、石川、福井は生徒も教員も取得率が高いが、ランキングを見比べる限り、あとはさほどハッキリと比例しているようには見えない。

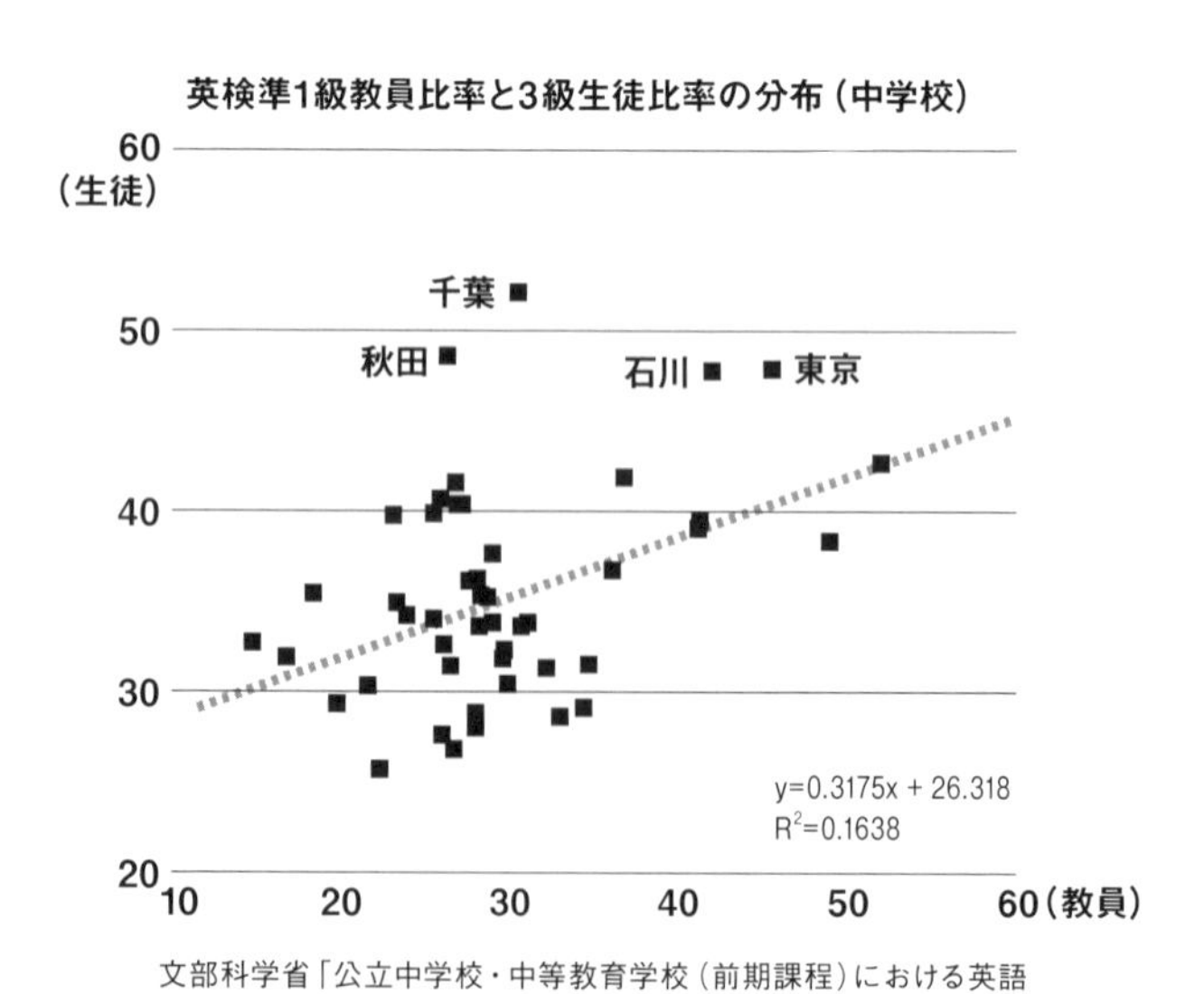


文部科学省「公立中学校・中等教育学校（前期課程）における英語教育実施状況調査」平成27年度を基に著者作成

そこで、各都道府県の教員の取得率を横軸に、生徒の取得率を縦軸に取って散布図を作成してみた(右下図)。図中に記した回帰式の決定係数は0・16。この数字は、1に近いほど相関関係が強く、0に近づくほど相関が薄くなる。生徒の取得率は、教員の取得率で16%くらいは説明できる、といった意味合いだ。したがって相関の度合いはあまり高くない。

この図と係数を見ると、教員の資格取得・スコア向上が生徒の成績向上に効果的な方策であるかどうかは疑問が残る。文科省の調査資料には、秋田県は教員の準1級取得率は低いものの、中3生の授業で発話の半分以上を英語で行っている教員の割合は92・3%でダントツのトップというデータもあった(2位は石川県で78・1%)。英検やTOEICスコアより授業形態の方が重要なのか。ちなみに、高校の教員と生徒の取得率の相関はさらに低く、ないに等しい。高3生の英検準2級取得率が全国2位の千葉県は、高校英語教員の準1級取得率が47位、最下位である。

もちろん、もともと教育に熱心なエリアとそうでないエリアの違いがあるので、教員の取得率よりもその影響が強く出ることもあろう。そもそもの話をすれば、大学入試が大きく変わろうとする今、全国テストや英検が学力のバロメーターでいいのかという問題もある。いずれにしても一つの基準に凝り固まらず、検証と見直しを繰り返す必要がある。

東京五輪

## 佐野エンブレム案は撤回、仕切り直しに見直し派が8割超では巻き返しは不可能か？

2020年に開催する東京オリンピックのエンブレムは、仕切り直しの末、市松模様をテーマにした「組市松紋」に決定したが、その前段の騒動は実にお粗末だった。デザイナーの佐野研二郎氏がデザインして選出されたエンブレムに対し、ベルギーの劇場のロゴに酷似していると劇場側からクレームがついて訴訟沙汰に発展。ところが本人がすぐさま毅然と反論、説明することもなく、「パクリ」の疑いが持たれる最中に、サントリーのキャンペーン賞品として佐野氏がデザインしたトートバッグでも盗用が指摘され、30種類のうち8種類を取り下げることになった。ほかにも疑惑の案件が複数持ち上がり、すっかり信用を失ってしまった格好だ。

こうなってしまうとベルギーの劇場からの訴訟が白か黒か以前に、晴れのオリンピックという舞台で、いわくつきのエンブレムをわざわざ使わなくてもいいだろうという感情が先に立つのも無理はない。騒動当時、昼の情報番組で実施していた緊急アンケート調査では、「(佐野デザインは採用せず)見直し」が85％を占めていた。

8割超とは相当な嫌われようだが、果たして佐野エンブレム案は「パクリ」疑惑で嫌われたのか。それとも別の理由があるのか。

そして8割を超えるような拒否反応がある場合、もう挽回は不可能なのか。やりようによっては汚名返上、名誉挽回のチャンスが開けているのか。これを考えてみたい。

**佐野エンブレム案は「見直し派」が多数**

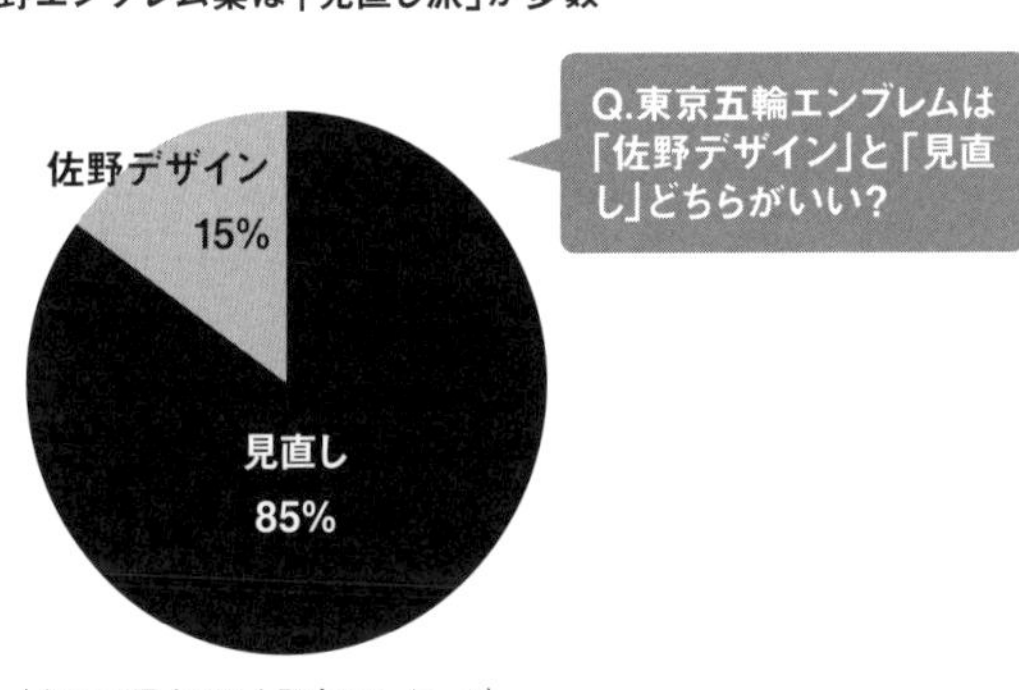


(全国の男女200人緊急アンケート)
出所:TBSテレビ「ひるおび」2015年8月18日放送

本当は…

## 「せんとくん」も約8割が「変えた方がいい」だった

約8割が拒否反応を示す窮地から、一転して人気ものになったケースがある。平城遷都1300周年イベントのマスコットキャラクターになった「せんとくん」だ。

「パクリとは無縁のせんとくんの話をなぜここで?」と思われるかもしれない。せんとくんの人気回復アプローチに学べば、佐野エンブレムも違う道があったかもしれないと考えるからだ。

### ❖当初は強かった「せんとくん」アレルギー

2010年の遷都イベントを終えた後も奈良県のPR大使として活動を継続し、国内有数の人気キャラクターに上り詰めたせんとくんだが、2008年春にキャラクターを発表した直後の世間の反応はすこぶる不評で、白紙撤回を求める声が大勢を占めていた。

当時、ヤフー！ニュースが実施した意識調査「平城遷都1300年祭マスコットキャラをどう思う？」でも、「変えたほうがいい」が77・3％を占め、「このままでいい」（18・2％）を大きく引き離す結果だった。

童子に鹿の角を生やした斬新なデザインが、「ひこにゃん」のようなゆるキャラを期待していた層には受け入れられなかった格好だ。キャラクターの白紙撤回を求める市民団体「平城遷都1300年祭を救う会」が「まんとくん」を、僧侶有志が「なぁ

**人気キャラクターの「せんとくん」、最初は嫌われていた**

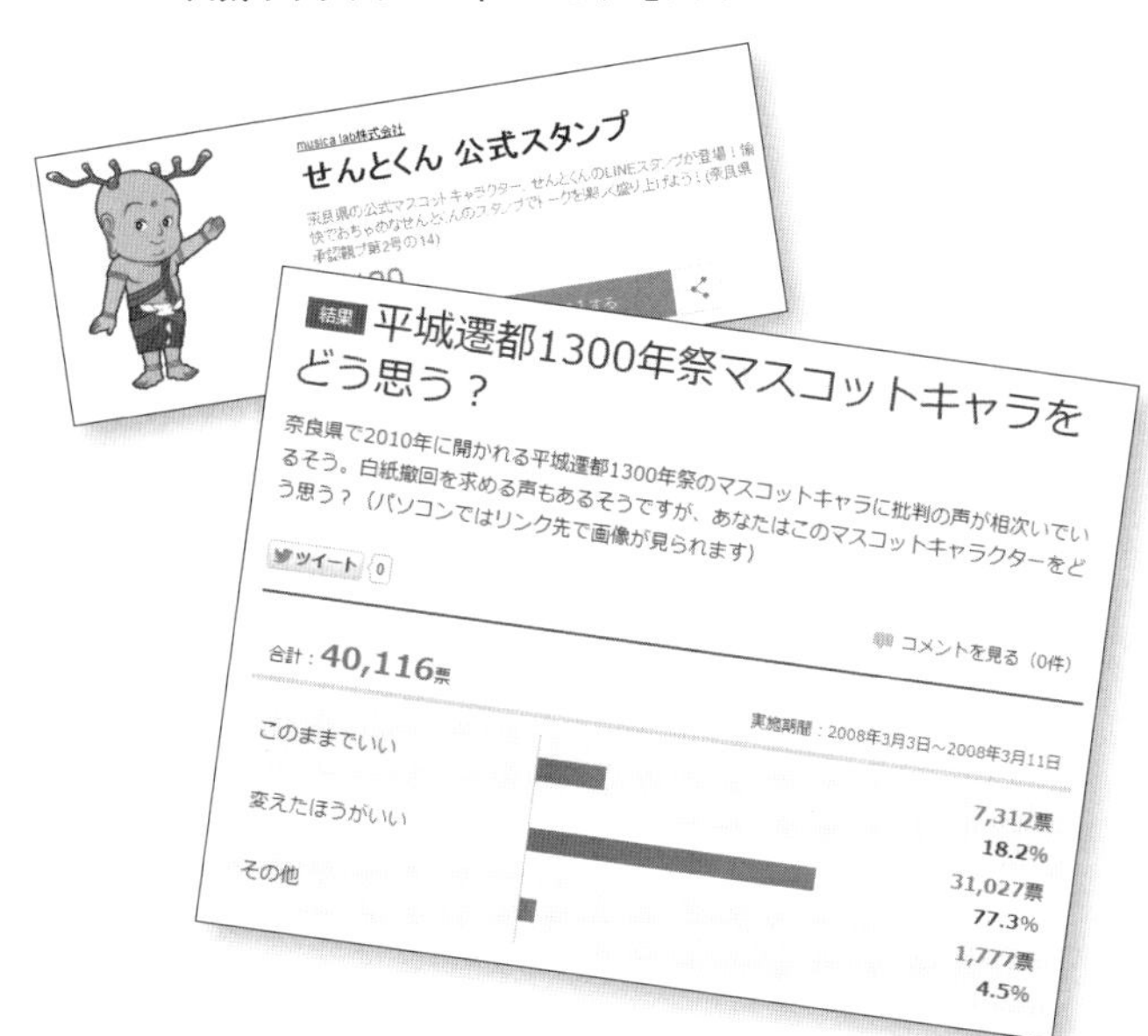

むくん」を対抗マスコットとして擁立して対立するほど、せんとくんアレルギーは強かった。

実はパクリ疑惑ばかりに注目が集まった佐野氏デザインの五輪エンブレムも、ベルギーの劇場ロゴ酷似問題が浮上する以前の発表直後の時点で、不評が渦巻いていた。

ヤフーのリアルタイム検索で「オリンピック　エンブレム」を調べると、肯定的なツイートが多いか否定的なツイートが多いか、いわゆる「ポジネガ判定」の結果を見ることができる。発表当日の判定は、ポジティブ12%、ネガティブ27%で、ネガティブな反応が優勢だった。

ツイート内容をみると、黒を基調とするデザインが五輪らしい躍動感に欠ける

「佐野エンブレム」は、公開直後からネガティブ反応が優勢だった

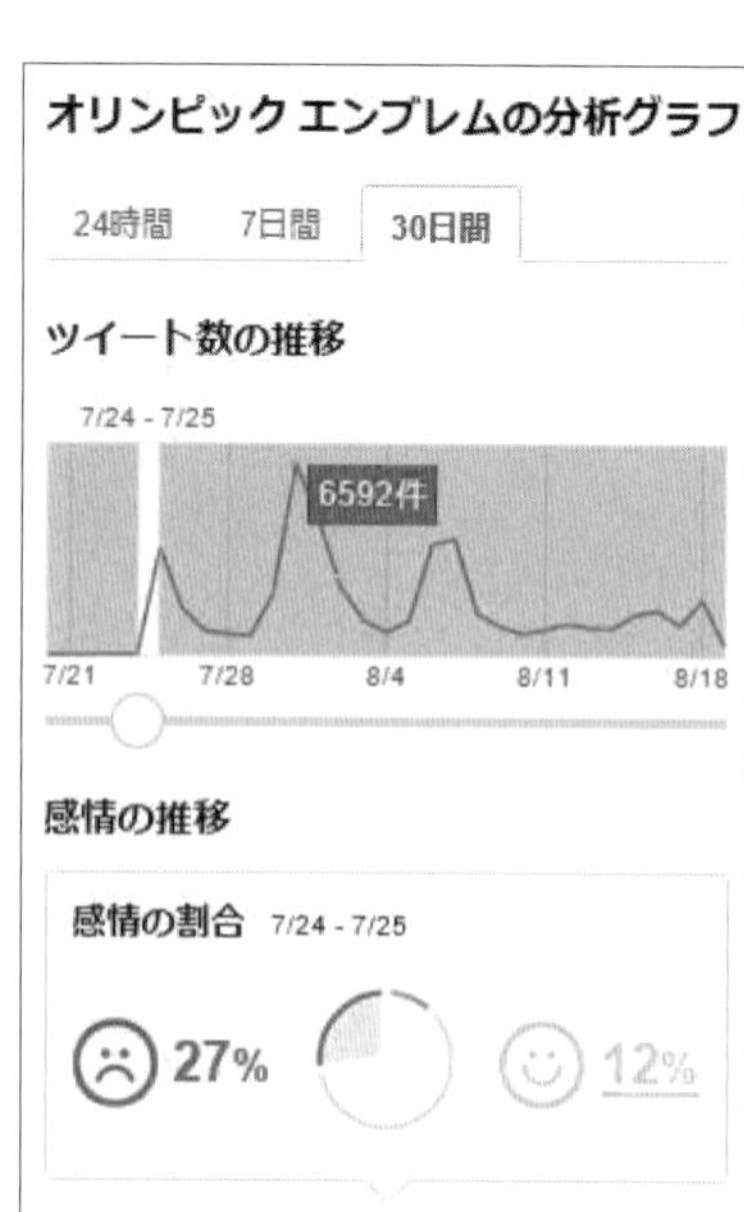

との不満が多く見られた。発表直後から不満の声が高まった点において、五輪エンブレムとせんとくんには共通点がある。

では、せんとくんは公表直後の不評をどう乗り切ったのか?

## ❖作者が批判メールに丁寧に回答

作者である東京藝術大学教授で彫刻家の籔内佐斗司氏が、まず取った行動は次の2つ。メディアに出て自分の言葉で説明すること。そしてキャラクターが寝そべったり、笑ったり、ウインクしたりと、「基本ポーズ」とは異なる表情豊かな展開図を提示したことだ。

これでまず風向きが変わった。ネガティブな感想があふれていたブログ界隈に、「意外とイケる」「キモカワイイ」「じわじわくる」といった好意的と解釈できる声が次第に上がるようになった。

さらに籔内教授は、自身で開設しているWebサイトに寄せられた批判メール20通以上に対する冷静かつ丁寧な回答を、サイト上で公開した。

届いたメールは批判というより罵詈雑言な内容も多かった。

「あなたの描いた妖怪みたいなキャラクター、本気で気持ち悪い」

「奈良をバカにするな」

「センス無いわ。さっさと廃業したら?」

「芸術家気取りという域にも達してないですね」

といった具合だ。

そうした内容であっても、自分が奈良に対して抱いている畏敬の念や、仏像の調査や修復をしてきたこと、プロの彫刻家として自信を持って応募したことなどを誠意を持って回答した。Webで公開した理由について籔内教授は、「批判メールの多くが返信してもエラーになるので、代表的な内容を選んで公開することで回答としました」と説明する。

## ❖初期対応の誠実さで不評を跳ね返す

この回答は当時ネット上で話題になった。口汚い質問と冷静な回答が拡散したことで、結果として「批判派の方がおかしいのではないか」といった空気が支配するようになっていった。教授宛に届くメールも応援が増え、トータルで約1500通に達したメールのうち批判は300通にとどまったという。

こうしてキャラクターの注目度、好感度ともにアップし、愛称の募集には1万5000件弱の応募が寄せられ、せんとくんと命名されるに至る。

籔内教授は自らのたった一人の広報対応で、当初の不評を見事に覆し、せんとくんを人気キャラクターに変身させた。

ツイッターやまとめサイトなど拡散ツールの充実で批判・中傷がより暴走しやすい環境ではあるが、初期対応の早さと誠意を持った回答によって、批判派が8割を占めるような劣勢を跳ね返すことは決して不可能ではないことを、せんとくんの事例は教えてくれる。

column

中央競馬

# 女性ファンを競馬場に呼び込んだ「ウマ女」施策

２０１６年の日本ダービーは空前のハイレベルな3歳実力馬が出そろい、大いに盛り上がった。馬券売り上げは前年比10・６％増の２６５億７４０９万円。長らく低迷していた競馬人気が復調傾向にある。

その一翼を担っているのが「ＵＭＡＪＯ（ウマジョ）」と称される女性競馬ファンだ。女性の中央競馬開催場来場者数は、２０１１年の82万８００３人、女性比率13・５％から２０１５年は99万９１１３人、同15・８％に増加し、女性比率は過去最高を記録した。日本中央競馬会（ＪＲＡ）が展開しているＵＭＡＪＯプロジェクトが実を結んでいる。

プロジェクトの結成は２０１２年。前年の２０１１年まで、中央競馬の馬券総売り上げは１９９７年をピークに14年連続の減少、来場者も１４００万人を超えていた90年代半ばから６１５万人にまで減少していた。往年のファンが徐々に離れていく中、新たなファン層の獲得は欠かせない。「女性にもっと気軽に競馬を楽しんでもらおう」と入職10年未満の若手女性職員による部局横断型のUMAJOプロジェクトチームを結成した。

同プロジェクトを担当するJRA経営企画室の市山恵氏は次のように語る。「歴史好きの歴女（れきじょ）、鉄道ファンの鉄子（てつこ）、プロレス好きのプ女子、そして山ガール、釣りガールなどさまざまなジャンルで女性ファンの登場が話題になっている時期でした。競馬もそうしたムーブメントを起こして女性ファンを開拓できるよう、イベント来場者のアンケートなどから、ニーズを探りました」。

アンケートから浮かび上がったのは、「興味はあるが居場所がない」という声だった。各競馬場ともここ十数年でスタンドを改装

女性目線で競馬の楽しみ方を提示する「UMAJO」特設サイト

して小ぎれいな施設に生まれ変わっている。それでも男性客が9割近くを占めるため、居場所のなさを感じていた。その声に応えて設置したのが「UMAJOスポット」だ。

東京・府中の東京競馬場を正門から入って3階スタンドに抜ける手前に、カラフルな壁紙を配した女性専用エリアがある。コーヒーや紅茶などをフリードリンクで用意し、スポット内には女性コンシェルジュも常駐。パドックとスタンド、馬券売り場を行き来して疲れたらちょっと休むにはうってつけのスペースだ。5階にはカップルならば男性も入れるスポットを用意している。筆者が見学したのは土曜の昼過ぎだったが、女子会ノリの女性グループなどでにぎわっていた。「重賞レースのある日は行列ができる」（市山氏）。

UMAJOスポット来訪客に、写真投稿をうながす案内

## 写真投稿を促すキャンペーンを展開

居場所をつくったら、次は競馬の魅力そのものをどう伝えて女性客を呼び込むかが課題になる。ここも新しい発想が必要だ。活用したのはSNSだった。競馬場内で写真を撮ってUMAJOスポットのスタッフに見せるとUMAJOオリジナルのチロルチョコやメモパッドをプレゼントする、といったSNS連動キャンペーンで、写真投稿を促した。「競馬場はターフの緑が鮮やかで、インスタ映えするスポット」(市山氏)。フォトジェニックなスポット写真は「いいね!」が集まりやすい。馬をモチーフにしたスイーツやハンドメイドの小物類なども、若い女性のインスタグラム撮影・投稿意欲をかき立てるもので、それらはフォロワー仲間の競馬への関心を引き出すことにつながった。

このほか、UMAJO特設サイトでは若手騎手のプロフィールを紹介する「ジョッキーコレクション」を掲載。SNSアカウントを開設している騎手もいるので、そこからフォローすることも可能だ。こうした女性目線に立った施設の改善やコンテンツの見せ方、キャンペーン展開がインサイトのスイッチを押したようだ。

16年ぶりのJRA女性ジョッキーとして藤田菜七子騎手が注目を集めている。こうした追い風も味方につけて、競馬場に足を運ぶ女性ファン率をさらに高めていきたい考えだ。

column

第5章

# 因果関係なのか、相関関係なのか？

妊娠出産

# マンション高層階で流産経験率が高い？ 出産を考える夫婦はタワマン避けるべきか

東京オリンピックを控えて建設需要が高まり、資材価格と人件費が高騰しているため、首都圏のマンションに割高感が出てきた。今後も新築物件が続く湾岸エリアのタワーマンションの動向が気になるところだが、そんなタワマン購入・検討者を不安にさせるデータがある。

「33歳以上の女性の流産経験者の割合が、マンション居住階によって異なる。5階までは21～22％台だが、6～9階では38・1％、10階以上では66・7％に跳ね上がる」

マンション高層階からの景観に憧れを抱く女性、夫妻にとって、驚きの数字である。東海大学医学部講師の逢坂文夫氏が、2010年7月の日本臨床環境医学会で発表した「住居環境の妊婦に及ぼす健康影響について」の掲載データだ。

調査は、１９９５年から２００８年まで、横浜市内の３カ所の保健所で第一子の４カ月検診に訪れた母親４１００人に調査票を配布、２３４４人（57・２％）から回答を得ている。著書『コワ～い高層マンションの話』（宝島社）で一般向けにも解説している。本の帯に「マスメディアが沈黙する衝撃のデータを多数収録」と書かれているので、沈黙せずに取り上げてみたい。

さてマンションを検討している人もいない人も、この数字をどうとらえたらいいだろうか？

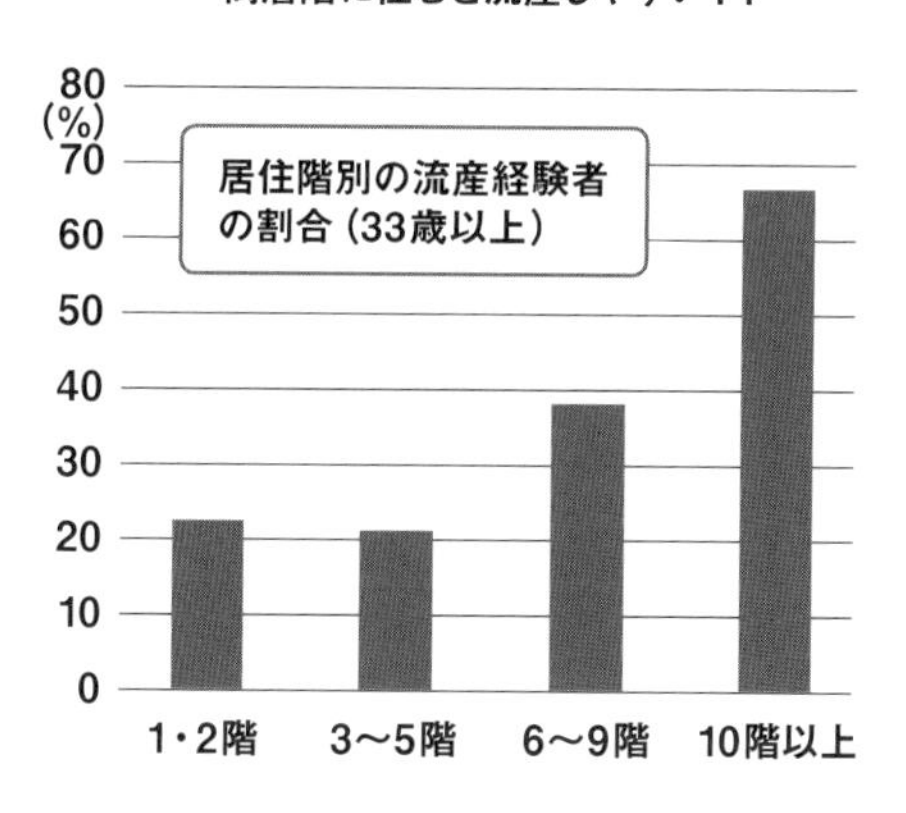


出所：日本臨床環境医学会（2010年7月）
書籍『コワ～い高層マンションの話』p13（逢坂文夫著）

本当は…

# 高層階ほど「バリキャリ」女性が多いかもしれない

まず建築も医療も専門ではない筆者が、この数字の是非を断ずることはしないし、できない。複数の専門家に聞いても意見は割れるだろう。大切なのは数字への接し方だ。

この場合、まず流産経験率が高いか低いかの目安を知るため、妊娠女性の流産経験を調べてみる。厚生労働省研究班が、愛知県内で健康診断を受けた一般女性（35～70歳）503人から回答を得た調査で、妊娠経験のある458人中、流産経験者は190人（41・5％）という数字があった。これに比べると、マンション10階以上に住む33歳以上の流産経験率（66・7％）は確かに高いが、流産経験率は年齢とともに上がってしまう。つまりアラフォー以上で妊娠に挑む人が多ければ経験率は上がるのだ。

ここでマンション高層階の住民について想像してみよう。同じマンションでも階が上がるほど価格が高くなる。したがって世帯年収も高層階ほど高く、共働きでバリバリ働いている女性が多いのではないか。ハードワーカーであればストレスも大きいだろう。そしてキャ

**10階以上に住む33歳以上の調査対象は6人**

■ 年齢別×居住階別の流産経験者の割合

| 年齢区分 | 居住階 | 流産経験者数(調査母数) | 割合 |
|---|---|---|---|
| 27歳以下 | 1・2階 | 32(582) | 5.5% |
| | 3〜5階 | 11(228) | 4.9% |
| | 6〜9階 | 2(35) | 5.7% |
| | 10階以上 | 1(17) | 5.9% |
| 28〜32歳 | 1・2階 | 54(532) | 10.2% |
| | 3〜5階 | 25(278) | 9.0% |
| | 6〜9階 | 9(51) | 17.6% |
| | 10階以上 | 4(19) | 21.1% |
| 33歳以上 | 1・2階 | 22(98) | 22.4% |
| | 3〜5階 | 19(90) | 21.1% |
| | 6〜9階 | 8(21) | 38.1% |
| | 10階以上 | 4(6) | 66.7% |

出所：書籍『コワ〜い高層マンションの話』p29〜31（逢坂文夫著）

リアを積み重ねていくと「そろそろ子どもを」と思っても先延ばしにしがちで、30代後半以降になって子づくりに本腰を入れる結果、流産経験率も上がってしまう。そんな仮説が浮かび上がる。あるいは在宅女性の場合、高層階は出不精になって運動不足が何らか影響を与えるのか。

一番知りたい女性のワークスタイルが不明なのは残念だ。そして同調査の流産経験率66・7％は、母数6人に対して4人該当という少数サンプルだった。さすがに少なすぎないか？

酒の効用

# えっ、飲酒をやめると早死にするって本当？ ならば節酒せずにこれまで通り飲むべきか？

健康診断の結果を受けて、お酒を控えるようについに宣告されるかとヒヤヒヤしていると「長生きしたければ飲みすぎない程度に今後もお酒を楽しんで」。そんなアドバイスをもらったら、酒飲みとしてこんな嬉しいことはないだろう（下戸なので適当に書いてます）。

実際、「女性セブン」２０１４年8月21・28日号、および「ＮＥＷＳポストセブン」に、「『酒は百薬の長』　酒飲みの言い訳でなく実際活動能力が高い」という記事が載った。

東京・小金井市の70歳の男女４２２人を「飲酒習慣のある人」「ない人」「飲酒をやめた人」の３グループに分けて１９７６年から15年間追跡調査したところ、最も活動能力を高く保っていたのは、飲酒習慣のある人……。この結果とともに、「2合くらいまでの飲酒は長生きに役立つ」「お酒をやめた人は運動習慣や人との交流が減ってしまい、健康に悪影響」という、調査を手がけた日本応用老年学会の柴田博理事長のコメントを載せている。

柴田氏はその後1991年から、高齢者814人を対象とする4年間の追跡調査にも携わり、「調査期間中に飲酒をやめた人」が活動能力指標の得点低下が最も大きいことを実証している（下図）。

高齢期における適量飲酒は、その後の生活機能の維持や自立に、決して悪い影響を及ぼすものではないことを示唆するこの調査。あなたはどう受け止める？

飲酒習慣がある人が一番元気!?

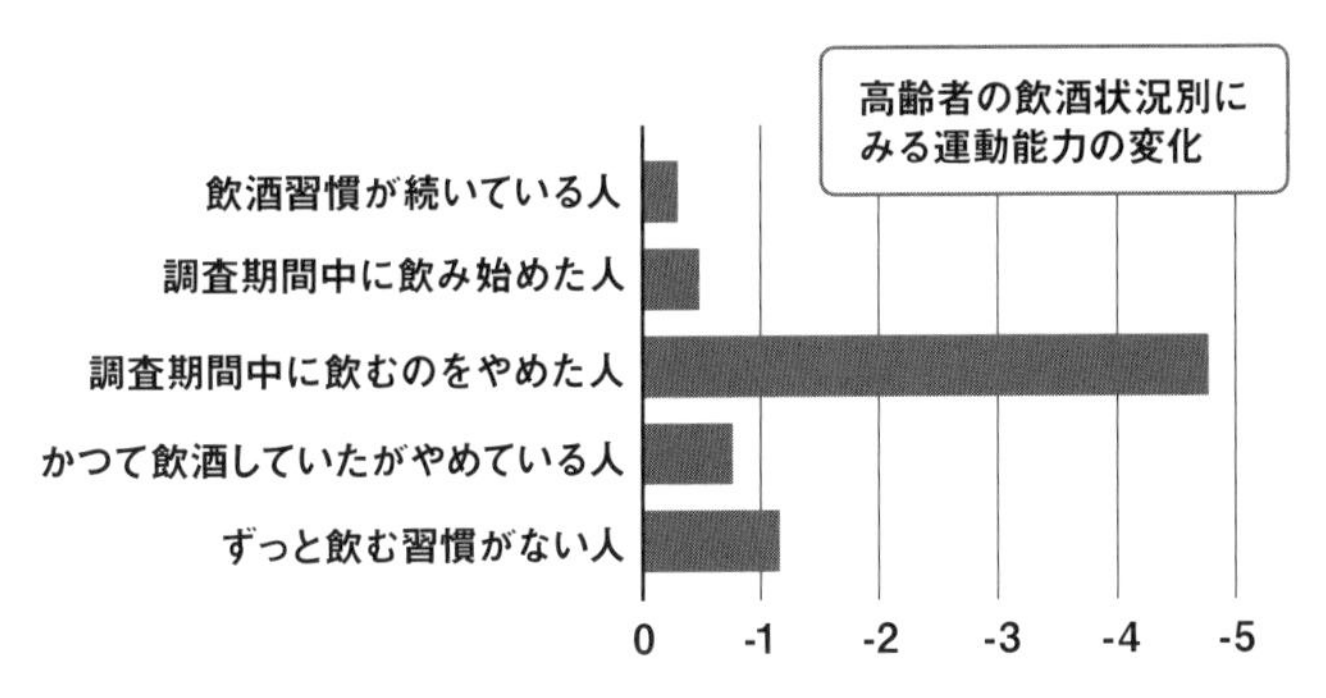


出所：「地域在宅高齢者における飲酒状況と4年後における高次生活機能の変化」日本老年医学会雑誌（2000年）
調査期間：1991〜1995年（N=278、初回調査時に65歳以上の男性）

本当は…

## 禁酒者にはドクターストップ群がいるのでは？

まず始めに、医師でもなく、そもそも酒も体質的に受け付けない筆者が、酒と健康の関係に何か結論めいたことを言う立場にはない。そのうえで気になるのが、「調査期間中に飲酒をやめた人」とはどういう人なのか、だ。飲み過ぎを自覚して節酒するのではなく、「飲酒をやめた」のだから、禁酒・断酒である。すっかり酒に弱くなって少量でも飲めなくなってしまったなら、カラダのどこかに不調な箇所があるのかもしれない。ましてドクターストップによる禁酒なら、健康な酒飲みと同じ土俵で比べるまでもない。

だが4年間の追跡調査の論文に目を通す限り、「調査期間中に飲酒をやめた人」のうち、体調不良を事由とするケースを除いているような注記は見当たらない。結局のところ、飲酒をやめたから活動能力が低下したのではなく、飲酒をやめざるを得ないような健康状態だったから、活動能力が低下したのではないだろうか。

同様に、飲酒習慣があるおかげで活動能力を高く保てるのではなく、活動能力を高く保つ

**飲酒をやめたグループには脳卒中、心臓病などの既往者が多い**

| | 健康度自己評価 | 既往症 | | | 運動能力指数 |
|---|---|---|---|---|---|
| | 大変良好 | 脳卒中 | 心臓病 | 糖尿病 | 大変アクティブ |
| 飲酒習慣が続いている人 | 84.6 | 4.7 | 22.9 | 10.3 | 96.6 |
| かつて飲酒していたがやめている人 | 70.7 | 14.9 | 27.7 | 14.9 | 83.3 |
| ずっと飲む習慣がない人 | 80.4 | 5.8 | 14.2 | 14.0 | 92.5 |

出所：「地域在宅高齢者における飲酒状況と4年後における高次生活機能の変化」
日本老年医学会雑誌（2000年）
（N=367、初回調査時に65歳以上の男性）

だけの良好な健康状態だから、飲みすぎない程度の飲酒なら健康を害することなく、むしろストレス発散に役立っているのではないか。アントニオ猪木風に言えば、「元気があれば、お酒も飲める」である。因果が逆になっていないか、考えてみる価値はある。

飲料と健康の関係でもう一つ。かつてカフェインがカラダに悪いと言われていたコーヒーが最近はすっかり健康飲料の扱いで、1日3～5杯はOKという記事をよく見かける。こちらは、ブラックで飲むことが前提なのか、砂糖は少量ならOKなのか、コーヒーフレッシュや粉末クリームは使ってよいのかが判然としない。「○○で健康に」と聞いて飛びつくと、落とし穴がありそうだ。

column

じゃがりこ

# ファン1万人弱が在籍、開発商品が定番品の1・5倍売れた

カルビーの人気スナック菓子「じゃがりこ」に2016年3月、期間限定の新商品「おめで鯛味」が加わった。消費者参加型で、ファンのアイデアから完成した商品だ。

じゃがりこの参加型開発商品は、おめで鯛味で8作目＝8年目を迎える。舞台は、同社が運営するじゃがりこファンサイト「それいけ！じゃがり校」。その名の通り学校をイメージしたコミュニティで、年末から翌春にかけて入学希望者を募り、〝じゃがりこ愛〟を綴るミニ作文を入試課題にして生徒を選考している。入試の告知はじゃがりこのパッケージに載せているため、コアなファンに響きやすい。

毎年3000人弱が入学し、在籍期間は3年間。入試というハードルを設定しながら、1万人弱の生徒が集う、一菓子ブランドとしては大きなコミュニティだ。コミュニティ運営の目的は、リピート購入してくれるロイヤルユーザーの育成である。

毎月お題を出してじゃがりこ川柳を募集する「国語」、生徒が自身の一日一善を投稿して褒め合

う「道徳」、先生役のカルビー側担当者のブログが読める「朝礼」、様々な話題について語り合える「ホームルーム」など学校らしい教科や行事で構成している。来訪・投稿にポイントを付与して「購買部」で限定アイテムなどと交換できるようにすることで、アクセスする動機付けと活性化を図っている。

開校は2007年春。1995年秋の発売から10年が過ぎて成熟期に入ったことをきっかけに戦略の見直しに取りかかった際、定番商品の組み替えや季節限定商品の導入など商品ラインアップの見直しと並んで、ロイヤルユーザーの育成が課題に挙がった。その対策としてじゃ

●「それいけ!じゃがり校」新商品開発

| | |
|---|---|
| 2016年3月 | おめで鯛味 |
| 2015年3月 | モッツァレラチーズトマト味 |
| 2014年3月 | アスパラベーコン |
| 2013年3月 | ホタテ醤油バター |
| 2012年3月 | えだ豆チーズ |
| 2011年3月 | チーズカレー味 |
| 2010年2月 | フライドチキン味 |
| 2009年2月 | カルボナーラ味 |

開校10年目で10期生を迎え入れる「じゃがり校」。"愛校心"あふれる生徒が毎年新商品を開発する

**2007年春に開校したカルビー「じゃがりこ」のファンサイト「それいけ!じゃがり校」**

がり校の開設に至った。以来、2016年春で第10期生を迎え入れている。

開始当初はファンが集ってじゃがりこをネタに世間話をするサイトだったが、やがて「こんなじゃがりこを食べたい」というアイデア投稿が盛り上がり、翌2008年からファン参加型の商品開発企画がスタート。2009年2月に第1弾「カルボナーラ味」を発売し、以降「フライドチキン味」「チーズカレー味」などを期間限定で世に送り出した。

### ◎アイデア募り人気投票で商品化

商品開発の流れはザッと次の通り。

まず新入生が加わった4月に、食べてみたい新しい味のアイデアを募り、1000を超える応募案の中から学校側で商品化の現実味を勘案して40～50案をノミネート。これを生徒の人気投票でトップ10案に絞り込み、決選投票で商品化する味を決める。

アンケート調査のほか、試作品を希望者500人ほどに発送して感想や改善点を投稿してもらい、改良を重ねる。同時にパッケージ案やキャッチフレーズ、販促物についてもそれぞれ募集し、意見を聞きながら投票で決めていく。

こうした手順を経て発売に至る共創商品は、期間限定ながらレギュラー商品のお株を奪う好調な売れ行きをみせることも。同社マーケティング本部素材スナック部じゃがりこ課課長の松井淳氏は、「2014年春に発売した『アスパラベーコン』は、レギュラー商品の1・3〜1・5倍ペースの売れ行きだった」と振り返る。

面白い取り組みだが、「運営コストがかさむことから、一時は閉鎖が検討されたこともあった」（松井氏）という。それでも継続しているのは、じゃがり校に集う1万人弱のじゃがりこファンが、調査パネルとして価値ある存在になっているためだ。

例えば同社じゃがりこ開発陣が定期的に発売する期間限定商品は、生徒たちは直接開発には関与していないものの、全国発売に踏み切る前に生徒の意見を聞いて微調整をしている。じゃがりこ愛好者向けのアンケートは調査会社に依頼する必要がなく、じゃがり校で質の高い回答を得ることができる。

さらに、生徒たちは、新商品が出れば改めて依頼するまでもなく、すぐに購入してツイッターなどで宣伝役を買って出てくれる。ファンが戦力になるという、広告では得がたい成果である。

column

第6章

# その結果が出た算出方法を確認しよう

大学

# 週刊ダイヤモンド「使える人材輩出大学」ワースト1位 法政大学は本当か？

「使える人材輩出大学」ワースト1位は法政大学……。

ビジネス誌「週刊ダイヤモンド」2014年10月18日号の特集「最新 大学評価ランキング」は波紋を広げる内容だった。同誌が転職サイト「ビズリーチ」と協力して、ビジネスマン1854人に「使える人材輩出大学」をベスト5、ワースト5まで挙げてもらったところ法政大学がワースト1位、すなわち「使えない人材」を輩出していると最も思われてしまっている大学のトップに挙がってしまった。

僅差のワースト2位に日本大学、3位に青山学院大学、4位に学習院大学がランクインしており、GMARCH（学習院、明治、青山、立教、中央、法政の略）の一角に厳しい見方が存在することが明らかになった。

項目別に見ると、法政大学は「使えるグローバル人材輩出大学」「使える経営幹部人材輩出大学」でもワーストトップ。「使える理系人材輩出大学」でワースト2位だった。理由としては、「専門分野の追求姿勢に強さがなく、大学時代に集中して何かを行っていない」「仕事に対する気概が感じられない」などが挙がっており、かなり手厳しい。

ネット上の反響は、納得できないという声もあれば、理解できるという声もあり、賛否は割れていた。このランキング、どう受けとめたらいいだろうか。

※なお、筆者の同期入社の出世頭は法大卒なので個人的にはまったく実感がわかない。

**「使えない大学」呼ばわりされた法政大学**

**■ ビジネスマンが評価した「使える人材輩出大学」**

| | ベスト | 使える（A） | 使えない（B） | 得点 A-B |
|---|---|---|---|---|
| 1 | 慶應義塾大学 | 2170 | 536 | 1634 |
| 2 | 早稲田大学 | 1838 | 684 | 1154 |
| 3 | 京都大学 | 1041 | 328 | 713 |
| 4 | 一橋大学 | 580 | 115 | 465 |
| 5 | 東京大学 | 1596 | 1161 | 435 |

| | ワースト | 使える（A） | 使えない（B） | 得点 A-B |
|---|---|---|---|---|
| 1 | 法政大学 | 125 | 348 | -223 |
| 2 | 日本大学 | 239 | 457 | -218 |
| 3 | 青山学院大学 | 166 | 307 | -141 |
| 4 | 学習院大学 | 22 | 151 | -129 |
| 5 | 獨協大学 | 27 | 116 | -89 |

出所：「週刊ダイヤモンド」2014年10月18日号

本当は……

## 使える「比率」の高さで並べるとランキングが一変

散々な評価の法政大学だが、これは算出方法が多分に影響している。ランキングは、回答者が挙げた「使える大学」「使えない大学」1～5位にそれぞれ5～1点を付けて集計し、「使える」から「使えない」を引いた得点差で順位付けしている。したがって「使える」に計100点付いても「使えない」に計200点付くA大学はマイナス100点になってしまう。一方、中堅・中小規模のB大学の場合、「使える」に計10点、「使えない」に8倍の計80点が付いてもマイナス70点で、A大学より〝使える大学〟という評価になる。

では「使える」比率で順位付けしたらどうなるか。ベストもワーストも顔ぶれが一変した。ベストランキングの1位と2位は、「使えない大学」として挙げた人がおらず、「使える」比率が100％になるため、「使える」点が多かったハーバード大学を1位にした。2位は、本格派のリベラルアーツを標榜する秋田県にある国際教養大学だ。点数でトップ5入りした大学では唯一、一橋大学が使える比率でもトップ5に入った。

使える人材「率」でランキングすると結果は激変する

■ ビジネスマンが評価した「使える人材輩出大学」

| | ベスト | 使える(A) | 使えない(B) | 使える人材率 A/(A+B) |
|---|---|---|---|---|
| 1 | ハーバード大学 | 24 | 0 | 100.0% |
| 2 | 国際教養大学 | 16 | 0 | 100.0% |
| 3 | 東京工業大学 | 496 | 79 | 86.3% |
| 4 | 国際基督教大学 | 209 | 41 | 83.6% |
| 5 | 一橋大学 | 580 | 115 | 83.5% |
| 7 | 慶應義塾大学 | 2170 | 536 | 80.2% |
| 10 | 京都大学 | 1041 | 328 | 76.0% |
| 14 | 早稲田大学 | 1838 | 684 | 72.9% |
| 29 | 東京大学 | 1596 | 1161 | 57.9% |

| | ワースト | 使える(A) | 使えない(B) | 使える人材率 A/(A+B) |
|---|---|---|---|---|
| 1 | 国士舘大学 | 0 | 39 | 0.0% |
| 1 | 名城大学 | 0 | 39 | 0.0% |
| 3 | 文教大学 | 0 | 37 | 0.0% |
| 4 | 亜細亜大学 | 0 | 28 | 0.0% |
| 5 | 茨城大学 | 0 | 24 | 0.0% |
| 14 | 学習院大学 | 22 | 151 | 12.7% |
| 22 | 獨協大学 | 27 | 116 | 18.9% |
| 26 | 法政大学 | 125 | 348 | 26.4% |
| 29 | 日本大学 | 239 | 457 | 34.3% |
| 30 | 青山学院大学 | 166 | 307 | 35.1% |

出所：「週刊ダイヤモンド」2014年10月18日号

比率で見る「使えない大学」はあまり言及したくないが、「使える大学」として挙げる人が1人もいない「0％」の大学が複数あった。

法政を筆頭に点数でワースト5入りした大学は、比率ではワーストの下位、つまり悪い結果ではなかった。

もっとも、自分の母校を「使えない」大学に挙げる人は少数と思われるため、回答者の出身大学を明示した方が誠実だろう。またこの調査結果は主観の集合体で、期待値が影響する。特に東大はハードルが上がる分、「東大の割には…」というネガティブ評価も増えやすい。

婚活

## 婚活名著『普通のダンナがなぜ見つからない？』「普通の男」はたった0・8％しかいないのか？

婚活という言葉が定着してから、書店には婚活対策本があふれるようになった。筆者は対象読者から外れているので特にこのジャンルに詳しいわけではないが、数ある本の中でも、データに基づいた説明に説得力があり、また方策についても戦略的で実用性が高い異色の婚活対策本に仕上がっているのが『普通のダンナがなぜ見つからない？』（文藝春秋）だ。著者の西口敦氏は外資系金融機関やコンサルティング会社でディレクター、コンサルタントとして活躍。執筆当時は楽天グループの結婚情報サービス大手オーネットでマーケティング部長を務めていた。その当時、取材にお邪魔したこともある。

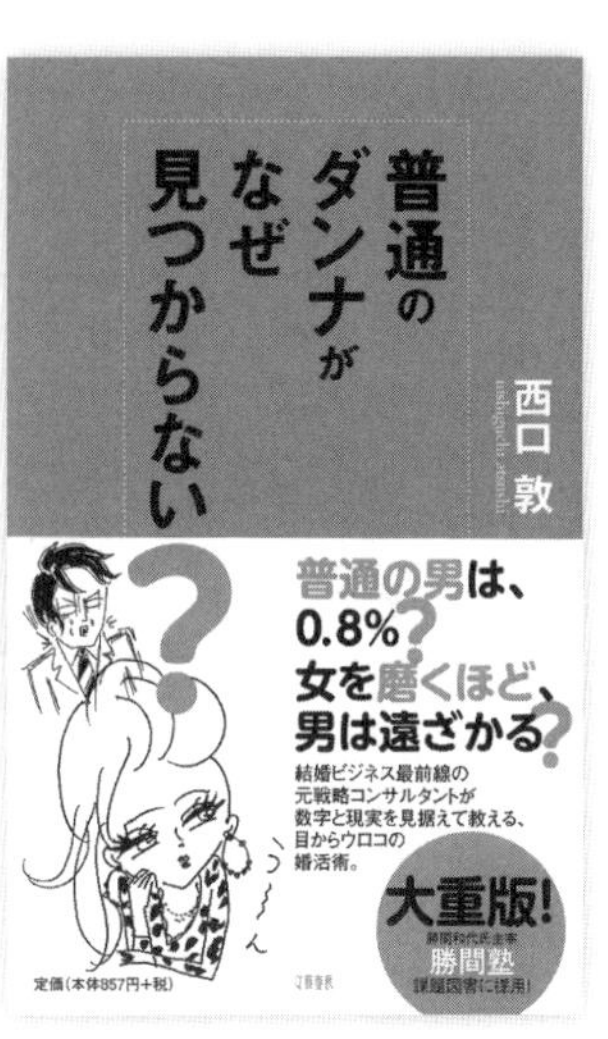


婚活中、検討中の女性に
お薦めの一冊

そんな本の帯に気になる表記がある。「普通の男は0・8%」。

99%以上の男性が「普通未満」の烙印を押されてしまう、ややショッキングな数字だが、これはどういう意味か。裏表紙の帯にその説明があった。以下、抜粋する。

そのココロは・・・。

すべてが普通＝会話が普通50%×ルックスが普通50%×身長が普通50%×清潔感が普通50%×ファッションセンスが普通50%×学歴が普通50%×年収が普通50%≒0・8%

女性が結婚相手に対して「せめて並以上」であってほしいこととしてよく挙がる条件7項目がいずれも「上半分」である人は、2分の1の7乗で128分の1。0・78%と1%を切ってしまう計算になる、というわけだ。既婚者で自信家の男性でも、思わず「ぐぬぬ」と唸ってしまうこの数字。どう考えるか？

本当は…

## 0・8%よりは多そうだが、高望みは禁物

まず例題として、男性と女性が50%ずつ、東日本居住者と西日本居住者も50%ずつとして、「東日本在住の男性」は何パーセントいるかを考えてみよう（便宜上、LGBTは考慮していない）。この場合、性別が男性50%×居住が東日本50%＝25%となる。この式が成り立つのは、東日本には女性より男性の居住者が多いといった偏りがないことが条件になる。

では、次の場合はどうか。中学校で英語、数学、国語、理科、社会の5教科のテストを行ったとする。5科目ともクラスの平均点以上を取る生徒は何人くらいいるだろうか。同じように計算すると、平均以上50%が5科目（5乗）なので32分の1。率にして3・1%。

最近の少人数学級の小中学校では、30数人のクラス編成が多いだろう。ということは、5科目すべてクラスの平均点を超える生徒はクラスに1人しかいないことになる。裏返すと、5科目すべてクラスの平均点に届かない生徒もクラスに1人しかいないことになる。ちょっと違和感を覚えるのではないだろうか。両方とももっといるはずである。

先ほどの性別と居住地ならば、東日本に男性が多いといった偏りがなく互いに独立しているため、単純に50％を掛け算して求めることができる。しかし学校のテストの場合はどうだろう。英語ができる生徒は数学も国語もできる子である可能性はそれなりに高い。このように項目の独立性が乏しい場合は、50％の掛け算はふさわしくない。

それでは「普通の男」の場合はどうだろうか。良いか悪いかは別として、学歴と年収は相関が強く、学歴の高低と年収の高低の組み合わせ4パターンがくっきり25％ずつとはならない。年収が上位50％であれば下位50％の人よりはファッションに回す余裕ができるため、もともとのファッションセンスはどうあれ、磨かれる可能性はある。清潔感もファッションに準じて高まりそうだ。学歴や年収に引っ張られることなく独立性が高いのは、ルックスと身長あたりだろうか。

したがって、7項目すべて平均以上の「普通の男」は、0・8％よりはもうちょっと多そうだ。ただし、一般にご要望は「上半分」では満足せず、上位20％クラスを望んでしまったりするもの。年収と身長とルックスという独立性の高い3項目でそれぞれ上位20％を望めば、たった3項目でも0・8％になってしまう。無意識の高望みを戒める意味ではこの掛け算、やはり役に立ちそうだ。

開票速報

# 国政選挙や都知事選などの開票速報番組なぜ開票率数%で「当確」が打てるのか?

国政選挙投票日の夜8時、投票が締め切られるこの時間からテレビほぼ全局が開票速報の特番を放映する。そして番組開始からまだそれほど時間がたっていない段階で、「神奈川11区、小泉進次郎さん、当選確実です」という具合に早々に当確が打たれる。随分開票が早いなとテレビ画面を見ると、開票率はまだほんの数パーセントだ。いくら強い地盤を持つ候補者といっても、こんな段階で当確を出していいのだろうか? 同じような疑問を持つ人が多ければ、話のネタになるので取り上げたい。

立川志の輔のマクラ(落語の本題に入る前にする噺)にこんな一説があるそうだ。

**先の都知事選も早々に当確が出た**

| | 候補者名 | 得票数 | 得票率 |
|---|---|---|---|
| 当 | 小池百合子 | 291万2628 | 45.82% |
| | 増田寛也 | 179万3453 | 25.83% |
| | 鳥越俊太郎 | 134万6103 | 19.69% |

「開票率5％で当確なんておかしい」と、ある数学者に話したら、

「それが統計学ですよ」

「まだ開票率5％なのに？」

「あなたね、味噌汁つくって味見するのに丼鉢でグーッと飲む？」

「・・・小皿ですよね」

「それが5％よ」


このたとえ話が大変分かりやすいと評判で、ツイッターでは開票のたびにこの投稿がリツイートされてくる。話は出口調査にも及び、「マスコミが大規模に出口調査をするから、結果が早々に分かってしまって面白くない」。選挙特番をもっと楽しむために「出口調査ではウソをつきましょう」と観衆に呼びかける、そんなオチになっているそうだ。

さすが一流の噺家さんの話術は軽妙で、なんだか分かったような気がしてくる。さて、このマクラで当確を打つカラクリが理解できただろうか？

本当は…

## 開票速報で2位でも「当確」を打つ場合がある

味噌汁の味見は、無作為に抽出した回答者で構成する母集団からの推計として、統計学のたとえ話に使われる。だから1億数千万人に調査せずに数百人規模でも、傾向をつかめる。

しかしながら、開票率5％と味噌汁の味見は同じではない。味噌汁はよくかき混ぜたうえで味見をする前提だが、開票率はよくかき混ぜた上での5％ではないからだ。例えばA地区が地盤のAA氏と、B地区が地盤のBB氏がいて、B地区でAA氏が勝てないまでも善戦できていればAA氏が優位だという情勢だったとする。その場合、開票作業がB地区から始まってBB氏がほんのわずかな差でリードしていたら、メディアはAA氏に当確を打つ。B地区の出口調査でA氏善戦という手ごたえがつかめていたら、より自信を持って打てることになる。票数では2位なのに当確が出るのはそんなケースだ。

一方、味噌汁の話は、開票率5％でA氏3500票、B氏1500票ならば、これを20倍したA氏7万票、B氏3万票ラインが最終得票になりそう、という考え方だ。実際の開票作

英国のEU離脱を問う国民投票は、事前の予想が覆った

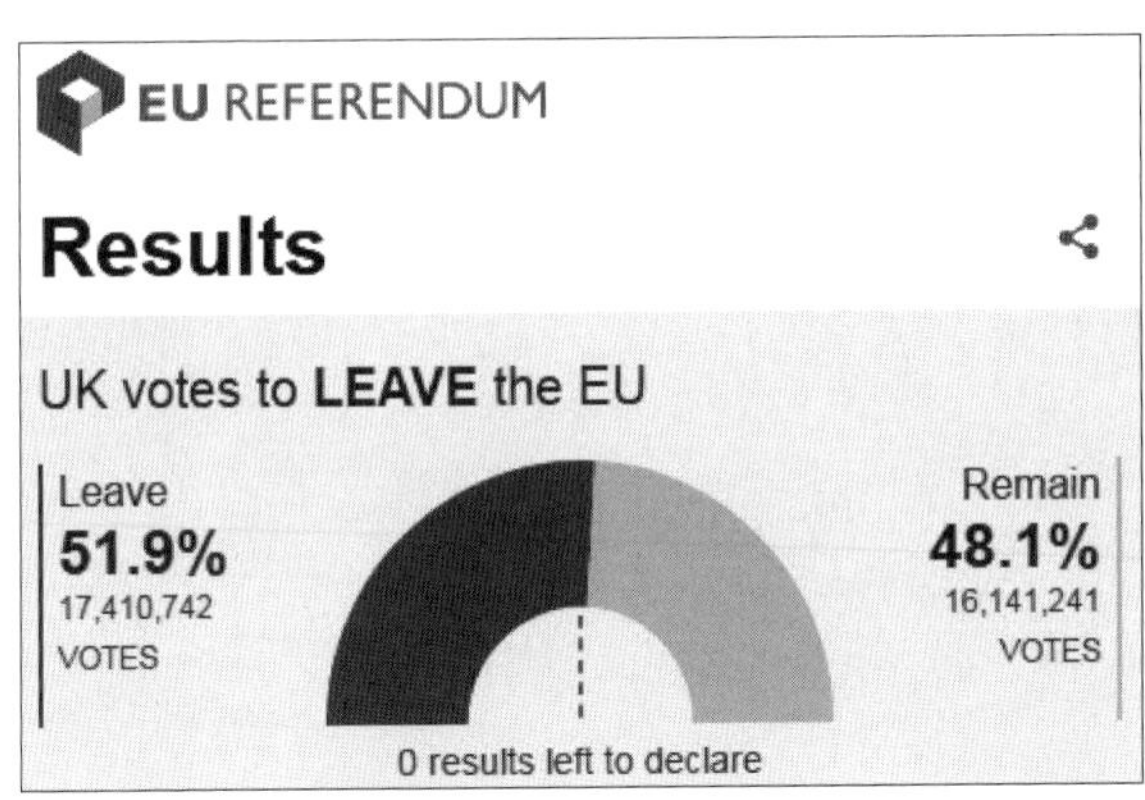


業は一斉に同じペースで進むわけではないので、味噌汁の話は選挙の開票にはそぐわない。

英国の欧州連合（EU）離脱を問う国民投票では、事前の世論調査の予想に反して離脱派が勝利した。予測が外れた理由としては、回答モニターが英国の投票者全体を代表したものになっておらず、残留派の属性（若者、高学歴など）がやや多かった可能性が言われている。

これは根拠のない独断だが、離脱派は低収入の中高年が多いと公然と言われ、直前に残留派議員の殺害事件も起きたことから、離脱派の中には調査に本音で回答しなかった人もいるのではないか。ひょっとすると、出口調査のウソで予測を撹乱した、志の輔のオチが実現したのかもしれない。

ヘッドライト

# 夜間横断中の歩行者死亡事故、96%がロービーム ハイビームの使用呼びかけで事故は防げるか？

2016年9月下旬の秋の全国交通安全運動を前に、警察庁がドライバーに対し、夜間の運転の際、ヘッドライトをハイビームで使用するよう呼びかける意向であることが、9月21日付の読売新聞などで報じられた。概要は次の通り。

・2015年の交通事故の死者は4117人。14年間減少が続いたが久々に増加
・自動車や自転車などに乗っていた死者は2571人。過去10年で46%減少
・一方、歩行中の死亡者は1534人で28%減にとどまる
・夜間に道路を横断中の歩行者が車にはねられた死亡事故は625件

トヨタ自動車の「GAZOO.com」でもヘッドライトについて解説

・事故を起こした車はロービーム597件、ハイビーム9件、補助灯6件、無灯火13件
・実に96%の車のライトがロービームだった
・ロービームだと40m先までしか照らせない
・ハイビームなら防げた事故が多いと警察庁
・ハイビームはまぶしいため遠慮して事故に
・夜間のハイビーム使用を呼びかけていく

このようなファクトから、100メートル先まで照らすことができる上向きライト「ハイビーム」の使用を推奨するという。

では、ハイビームを徹底することで事故はどれほど減るだろうか。

本当は…

## ハイビームによる事件事故が心配、本来は地方面の記事

夜間の歩行者死亡事故を起こした車の96％がロービームだったと聞くと思わず、「ロービームはなんて危険なんだ」と感じがちだ。だが、この96％という数字はあまり意味がない。仮にハイビームにしている車とロービームにしている車がほぼ半々で、それで事故の96％がロービームだったのなら、確かにロービームは危険性が高そうだ。ではハイビームにしている車が１％しかなかったら……。たとえハイビームで起きた事故が２％しかなくても、ハイビームは事故を起こしやすいことになってしまう。

ハイビームの有効性の説明として、日本自動車連盟（ＪＡＦ）の実験が新聞記事でも例示されていた。５人のドライバーが夜間に障害物のあるコースを時速80キロで走行したところ、障害物に気づいて停止できた場所は、１００メートル先まで照らせるハイビームが平均82メートル手前だったのに対し、ロービームは平均5メートル手前だった、という内容だ。だが、そもそも時速80キロ走行はたいていの場合、スピード違反ではないのか。

また現実問題として、都市部はもちろん郊外でも、前方を走行する車が対抗車も含めてない状態でハイビーム運転できるケースはそうあるものではない。走行環境を考慮しない単純なハイビーム推奨を真に受けるドライバーが続出すると、かえって今まで起きなかった事故が増えかねない。対向車のハイビームが目に入って前が見えなくなる幻惑現象や、対向車と自車のライトが交錯して、その間にいる歩行者の姿が見えなくなる蒸発現象などだ。

さらに不安なのは、「ハイビームがまぶしい」と因縁をつける事件の多発だ。新聞の過去記事検索で、この手の「ハイビーム事件簿」がたくさんヒットする。小学校児童殺傷事件を起こしたあの宅間守元死刑囚も、対向車のライトをめぐって暴行事件を起こしたという。

もちろん、都市部であっても夜間、前方に車がなければハイビーム走行が道路交通法の規則だ。要は状況に応じたこまめな切り替えが大切という話。自動制御技術に期待したい。

ハイビーム推奨は今に始まった話ではなく、10年以上前から交通指導の強化ポイントだった。新聞の過去記事を検索すると、地方紙や全国紙の地方面でよく採り上げられている。ハイビームが必要そうなエリアで記事化されていると言える。その点、ネットのニュースは地方面という縛りが薄く、シェアされると全国区のニュースとなって、都市部のドライバーは戸惑ってしまう。違和感の背景にはそんな事情もありそうだ。

イントロ

# ゲス極6秒、セカオワ3秒、ヒット曲のイントロが短縮化 では昔のヒット曲は歌い始めまでの前奏が長かったか？

「短いことはいいことだ、ヒットを生む時間の法則」。２０１６年6月10日付の「日経ＭＪ」にとても興味深い、筆者好みの記事が載っていた。曲のイントロや動画広告が短くなっている現象を、実例と人間心理から分析する読み物記事だ。以下、概要をまとめる。

・イントロが短くてサビから始まるＪＰＯＰが増えているのではないか？
・１９９５年から5年ごとにオリコン年間シングルヒット上位10曲のイントロを測定
・２０１０年以降はＡＫＢ48の影響が大きいため、ｉＴｕｎｅｓのランキングも参照
・95年に平均26秒だったイントロが、10年は15秒、15年は12秒に

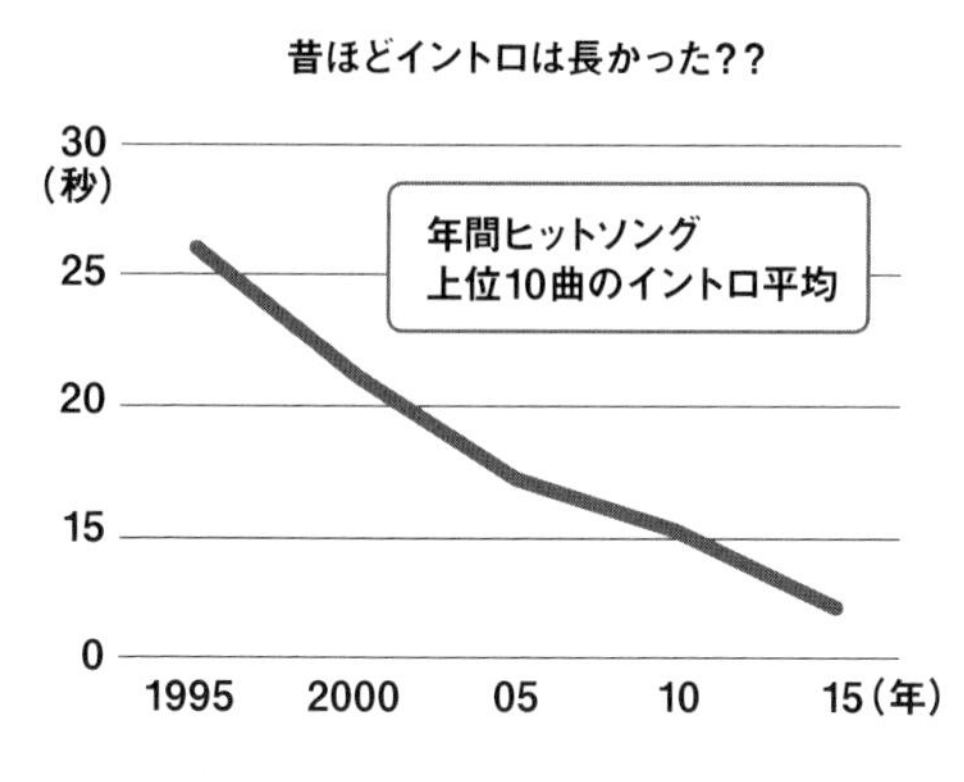

出所:「日経MJ」2016年6月10日付

・セカイノオワリ「ドラゴンナイト」3秒
・ゲスの極み乙女。「私以外私じゃないの」6秒
・イントロが長いとカラオケで嫌われる
・LINEニュースも要点を5秒動画で配信

巨大掲示板「2ちゃんねる」でも、「今このスレッドに来たところだから要点を3行でまとめてくれ」という意味のスラング「今北産業(三行)」が随分前から存在する。メールなら翌日でも構わなかった返信が、LINEでは「既読」表示もあってリアルタイムな返信を求められるようになった(気がする)。

ところで上のグラフについてだが、往年のヒット曲は、昔に遡るほどイントロが長い曲が多かったのだろうか。

本当は…

## 95年のイントロ平均26秒はB'zの異常値が貢献

１９９５年からさらに遡ると、イントロはもっと長くなるのか？　こんなどうでもよさそうな疑問から真相が見えてくることもある。調べる前は、こんな予想をしていた。「１９８０年代なら演歌が入ってくる年もあるだろうから、長い可能性はありそうだ」「イーグルスの『ホテルカリフォルニア』やビリー・ジョエルの『ストレンジャー』のような異様にイントロが長い曲は洋楽でも減っていそう。これは世界的な潮流かもしれない」。

そこで実際に95年の10年前、１９８５年について調べてみたところ、なんと20秒に達する曲が1曲もなく平均は13・6秒だった。２０１０年の15秒より短い。２０１５年の12秒と大して変わらないではないか。85年が異常値なのかと、84年についても調べてみたがこちらも14秒台だった。チェッカーズの曲に短いイントロが多く、短縮化に貢献している面はある。それでも20秒超の曲がトップ10に一曲もないのだから、「昔は長かった」とは言えない。

結局のところ、２０００年はイントロ46秒の浜崎あゆみ「ＳＥＡＳＯＮＳ」、１９９５年は

**1985年のイントロ平均は14秒を切る**

| | | | |
|---|---|---|---|
| 1 | ジュリアに傷心 | チェッカーズ | 18秒 |
| 2 | ミ・アモーレ | 中森明菜 | 18秒 |
| 3 | 恋に落ちて | 小林明子 | 19秒 |
| 4 | Romanticが止まらない | C-C-B | 17秒 |
| 5 | あの娘とスキャンダル | チェッカーズ | 3秒 |
| 6 | 飾りじゃないのよ涙は | 中森明菜 | 16秒 |
| 7 | SAND BEIGE | 中森明菜 | 16秒 |
| 8 | 俺たちのロカビリーナイト | チェッカーズ | 10秒 |
| 9 | 悲しみにさよなら | 安全地帯 | 5秒 |
| 10 | 天使のウインク | 松田聖子 | 14秒 |

同1分19秒のB'z「LOVE PHANTOM」、同34秒のスピッツ「ロビンソン」が平均値を引き伸ばしていた。95年のB'zは、この1曲だけで平均を6秒も増やしている。B'zとスピッツを除いた8曲の平均は18秒に落ち着く。

考えてみれば、すぐに歌から入る往年のヒット曲は思いつくだけでも多数存在する（ザ・タイガース「君だけに愛を」、沢田研二「勝手にしやがれ」、シャネルズ「ランナウェイ」「街角トワイライト」、井上陽水「いっそセレナーデ」、工藤静香「嵐の素顔」……）。

近年、イントロ短縮に拍車がかかっているのは確かだが、比較対象の95年や00年の値が大きいのはイレギュラーに長い曲があったからで、昔に遡るほど長いわけではない。

ビジネスホテル

# 「えっ、室料が素泊まりで1泊2万円?」アパホテルは一流高級ホテルに鞍替えしたのか?

毎年7月中旬の週末、福岡市は博多の夏を彩る「博多祇園山笠」がクライマックスに向けて盛り上がりを見せる。2014年の7月は、12~13日の週末にモーニング娘。らハロー!プロジェクトが福岡サンパレスホテル&ホールで、HKT48が海の中道海浜公園で、それぞれコンサートを組んでいたため、遠隔地から参戦する遠征組からは早々に「ホテルが取れない」という悲鳴がツイッターなどで上がっていた。

イベント2日前の2014年7月10日、ワシントンホテル、サンルートなど主要ビジネスホテルについて博多地区を指定して検索したところ、予想通り早々に予約が入ったようで、

**2014年7月12日（土）シングル宿泊**

| ホテル | 空室 | 料金 |
|---|---|---|
| アパホテル博多駅前 | △ | 1万8900円 |
| アパホテル福岡渡辺通 | ○ | 1万8900円 |
| 福岡ワシントンホテル | △ | 1万6740円 |
| ホテルサンルート博多 | × | ― |
| ホテルルートイン博多駅前 | × | ― |
| ホテルルートイン博多駅南 | × | ― |
| 博多中洲ワシントンホテル | × | ― |
| R&Bホテル博多駅前 | × | ― |
| 東横INN 博多口駅前 | × | ― |
| 東横INN 博多口駅前2 | × | ― |
| 東横INN 博多駅前祇園 | × | ― |
| 東横INN 博多駅南 | × | ― |
| 東横INN 博多西中洲 | × | ― |
| 東横INN 福岡天神 | × | ― |

※博多地区のビジネスホテル（7月10日時点、△は空室わずか）

競合のホテルが全室埋まっている中、アパホテルは空室あり。しかし……

空室ゼロを示す「×」印が表示された。そんな中、アパホテルでは博多駅前と天神に近い福岡渡辺通の両ホテルで空室が残っていた。

ところが、料金を見てびっくりした。室料はシングル1泊1万8900円からだった。休前日とはいえ、ビジネスホテルのシングルとしてはかなり高めの設定だ。ド派手な衣装でおなじみの元谷芙美子社長が率いるアパホテルは、いつの間にか高級ホテルになってしまったのだろうか。

本当は…

## 周辺の競合ホテルが満室の場合は室料を高く設定

アパホテルだけ空室が残っていたのは、決して不人気だからではない。競合が軒並み満室のときは、「高くてもいいからとにかく宿を確保したい」と考えるお客が現れる。この週末も最終的には見事に満室にしてみせた。今はさらにインバウンド客が増加している分、イベントが重なった際のホテル争奪戦は熾烈を極めているだろう。

### ❖ネット遣いに長けた人が支配人に

アパグループ（東京都港区）代表の元谷外志雄氏は、「インターネット予約が普及したことで、予約状況と周辺の競合他社ホテルの室料を見計らいながら料金設定がしやすくなった。当ホテルでは、稼働率と料金設定の掛け算を最大化できる『ネット遣い』に長けた人が支配人になる」と語る。

アパホテルでは、競合店の現在の室料をリアルタイムに取得し比較できるツールを各店舗に導入している。「料金取得」ボタンをクリックすると、あらかじめ設定した商圏内の競合他店のサイトを自動巡回して室料データを取得し、前回取得時と室料が変わっている場合は「500円値下げ」などと表示。変化を一目で把握できる。これをにらみながら室料を上げ下げし、予約状況の反応を見守っている。

例えば、イベント開催などで集客が見込める週末には、やや高めの料金設定で反応をうかがい、予約が芳しくない場合は値を下げる。宿泊日が近づいても他店が空室ゼロならば、値下げせずに利幅を取りにいく。一方、日曜や月曜など予約が入りづらい日は、同水準の近隣ホテルより安くなるよう100円単位で料金を指定する。

ただし早々に満室が見込める日でも、「上限は基準室料の1・8倍まで」(元谷代表)。また低稼働の日も5000円前後を下限にしている。高すぎても低すぎてもブランドを毀損する恐れがあるためだ。

店舗によっては昼間のデイユース利用で昼夜2回転するケースもあり、秋葉原と東新宿の店舗は2013年度、年間の稼働率が100%を超えたという。ネット予約が当たり前になったホテル界で、室料設定のリアルタイム化が進みそうだ。

# LINEの次に利用率高いSNSはグーグルプラス？ 総務省の情報通信メディア調査の結果に驚きの声

「国内で最もよく使われているSNSはLINE。では、2番目は？」

この問いには恐らく多くの人が、ツイッターかフェイスブックのどちらかと思うだろう。ところが総務省が2014年4月に公表した「平成25年 情報通信メディアの利用時間と情報行動に関する調査」の速報によると、44・0％の利用率で首位だったLINEに続いて2位に入ったのは、なんと「グーグル＋（プラス）」だった（27・3％）。26・1％のフェイスブックを鼻差で上回ったのだ。

世代別に見ると、20代は利用率トップ3がLINE、フェイスブック、ツイッターの順で、

**総務省はGoogle+がSNS利用率2位と公表したが…**

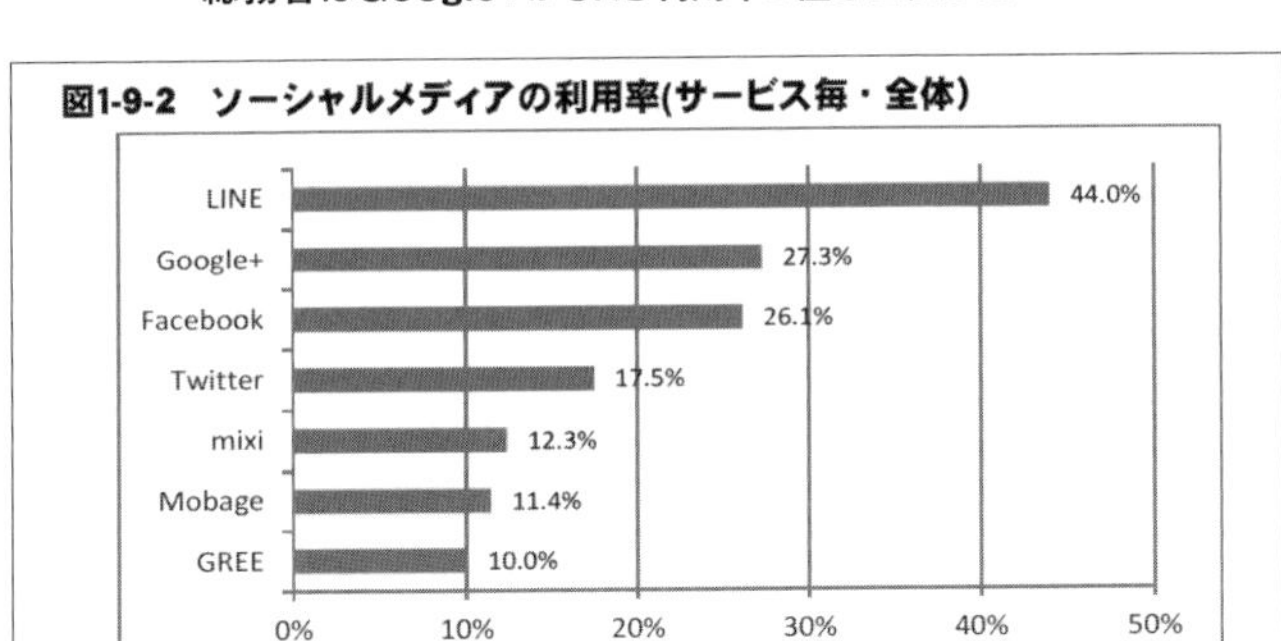


グーグル＋は4位。10代の若者はフェイスブック離れしているのか、LINE、ツイッターに次ぐ3位にグーグル＋が入ってくる。逆に30代は、フェイスブックが優勢で、LINE、フェイスブックの次にグーグル＋が続く。

注目は40代以上だ。40～50代ではLINEに次いでグーグル＋が2位に躍り出る。中年世代でもフェイスブック離れが起きているのだろうか。特に50代は、LINEが22・3％、グーグル＋が20・7％で激しく競り合う。50代にとってはLINEと並ぶ2大SNSであるかのようだ。そして60代は、いずれのSNSも利用率が低い中で、グーグル＋が7・7％で利用率トップという、まさかの内容だった。

この調査結果、あなたの実感と合うだろうか。

本当は…

## 検索エンジンのグーグルと誤認している人がいる

グーグル＋がＳＮＳの利用率で2位という総務省の調査結果は、多くの人の実感とズレたようで、違和感を指摘するブログがシェアされ、ＩＴ系メディアではニュースにもなった。これを受け、２０１４年9月にまとめた調査報告書では、以下の説明が付記された。

「なお、Ｇｏｏｇｌｅ＋については、調査票の『Ｇｏｏｇｌｅ＋（グーグルプラス）』という表記についてＧｏｏｇｌｅ社の他のサービスと誤認した者が存在し、実際の利用率よりも高い調査結果となっている可能性がある」

つまり、グーグル＋の知名度が低いがために、通常のグーグル検索のことだろうと考えた人が相当数いて、「ならばよく使っている」とマークしたため、グーグル＋の利用率が跳ね上がってしまったわけだ。同調査では前年も同じ設問を立てていたが、利用率を尋ねるＳＮＳにグーグル＋が加わったのはこの年からだった。総務省としても、誤認の可能性を認めないわけにはいかなかった。

翌年は、この誤認を防ぐために設問に注記が加えられたようだ。平成25年版で45・3％に達していた20代のグーグル＋利用率が、翌26年版では24・4％に激減していた。ただ40～50代の利用率は逆に前年比微増で、引き続きフェイスブックを上回った。そして最新27年版（2016年8月公表）では、グーグル＋の利用率は全体で26・3％と、異常値だった2年前の27・3％の水準にまた戻っている。総務省が公表するグーグル＋の利用率はどうもすっきりしない。

ネットリサーチ会社のマイボイスコム（東京都千代田区）が毎年11月、SNSの利用に関する自主調査を1万人規模で実施している。ネット回答モニターが調査対象のため、フェイスブックの利用率が55・7％、ツイッターが41・0％など高めに出やすいのだが、それでも2015年11月のグーグル＋利用率は11・8％と低く、2013年調査（12・0％）より微減と停滞している。こちらの方が実感に近いと思う人は多いのではないか。

グーグル＋といえばAKB48グループのメンバー各々がアカウントを開設して発信していたが、主要メンバーのアカウントの多くは、長らく更新が途絶えている。日常のつぶやきはツイッターや755、そしてブログ、ライブ中継はSHOWROOMを使うケースが目立つ。それがグーグル＋の利用率を物語っている。

column

メンズコスメ

## ブランド離れた若者を20年越しで奪還したマンダム「ルシード」

「40才からのベタつくニオイに」
「40才からのアブラ肌対策に」
「40才からカラダは変化する」――。

2015年夏からマンダムは男性用シャンプーや整髪剤、化粧水などのグルーミングブランド「LUCIDO(ルシード)」で、「40才からの」とターゲット層を明確にしたプロモーションを展開し、ニオイケアシリーズの商品を中心に売り上げを伸ばしている。

40才からの…と銘打つルシードの広告を見て、「もっと若者向けブランドではなかったか?」と思う人も少なくないだろう。ルシードブランドの誕生は、元号が平成に変わった1989年。香りが強めの商品が好まれたバブル期に、アンチテーゼとして「香りのない男の世界」をコンセプトとする無香料の整髪剤を売り出した。当時の対象は学生や若手社会人だった。第二次ベビーブーマー世代が20代だった90年代半ばに売り上げのピークを迎えるが、この世代が若者層から外れていくとともに整髪剤離れが起き、売り上げが漸減。2010年にはピーク時の6割近くに落ち込んでいた。

ただ手をこまぬいていたわけではない。ターゲット層を30~40代へと徐々にシフトさせながら、技術開発のセクションではミドル世代特有のニオイについて研究していた。そして、汗臭とも加齢臭とも違う、後頭部や首の後ろから発生する脂っぽい汗のニオイを突き止め、対応する商品を開発。「ミドル脂臭」と命名して、その対策を訴えかけた。

これまで中年男性のニオイは加齢臭で一括りにされ、ゆえに30~40代男性には加齢臭対策は「まだ早い」という意識が強

調査リリースを多用し、中年男性に身だしなみに対する意識を高めるマンダム

く、ケアされてこなかった。そこで取り組んだのがミドル脂臭の啓発だ。ルシードブランドのマーケティングを担当する同社第一マーケティング部の田渕智也氏は、「後頭部から発するため男性本人が気づきにくいこと、女性の方がそのニオイに気づきやすく不快感を与えることなどを説明して、対策の必要性を〝自分ごと〟として認識してもらえるようなコンテンツづくりに注力した」と説明する。

多用したのが、ネットリサーチを実施してつくる調査リリースだ。「冬でも85・8%の女性が気になる30〜40代男性のニオイ!その二オイ〝ミドル脂臭〟かも?」（2013年12月）、「臭う場所1位は『夫の近く』60・9%、夫婦の関係とニオイ問題」（2014年1月）、「臭い上司・同僚とは仕事をしたくない42・1%、でも言えない 全体の93・1%」（2014年6月）といった形式でニュースリリースにまとめ、プレスリリースを配信。Webニュースメディアがミドル世代男性に危機感を抱かせる筆致でこれを記事化したことで、バイラルメディアやニュースアプリを通じて広く拡散した。

よりターゲット層を明確にして自分ごと化を図るため、40才からのと銘打った広告フレーズを商品パッケージ、Webコンテンツから店頭POPまで統一し、訴求に取り組んでいる。

### ボトムから売り上げが60％増加

一方、ニオイはセンシティブな問題でもあるため、煽る一方にならないよう配慮も欠かさない。【オトナ男性に朗報！】20代・30代女性の53％が、40代以上の男性に〝惹かれる〟」（2015年9月2日）といった調査リリースで、ケアを心がければいいこともある（かもしれない）と〝その気〟にさせるバランス感覚は巧みだ。また、ルシードのテレビCMに出演している俳優の田辺誠一さん作の脱力系のイラストはＬＩＮＥスタンプになるなど人気を博していることから、〝田辺画伯〟筆による「ミドル脂臭怪人」イラストを特設サイトで公開している。

こうしたコンテンツ訴求が奏功し、ルシードブランドの売り上げは2010年前後のボトムから約60％増加し、過去最高の売り上げを達成するに至った。約20年前、無香料のコンセプトを支持しながらルシード離れしていったかつての若者を、ミドル世代になった今、再度取り戻すことに成功したユニークな事例だ。同社はミドル男性向けのアンケートを定期的に実施し、身だしなみにとどまらず、仕事や家庭、お金など人生観に迫る意識調査を白書にまとめてもいる。田渕氏は、「ミドル男性のことを最もよく知っているメーカーとして、問題意識や悩みに寄り添いながら、スマートエイジングを支援していきたい」と意気込む。

第7章

# ネット上の「声」に耳を傾けてみる

CM炎上

# 矢口真里出演「カップヌードル」CMが放映中止 クレームが何本あったら対策を取るべきか？

「皆様のご意見を真摯に受け止め、当CM、『OBAKA'S UNIVERSITY』シリーズの第一弾の放送を取り止めることに致しました」

2016年4月8日、日清食品は「カップヌードルのCMに関するお詫び」をサイトに掲示し、3月30日から放映していたテレビCMを10日足らずで打ち切った。このCMは、ビートたけしさん演じる学長のもと、独立騒動があった歌手の小林幸子さん、「ムツゴロウさん」こと畑正憲さん、ゴースト作曲家として騒動になった新垣隆さん、不貞騒動から復活した矢口真里さんらが教授陣として登場する。失敗やトラブルを乗り越えて頑張っている個性派

**たけし学長らの第1弾CMは取りやめ**

CUP NOODLE

カップヌードルのCMに関するお詫び

この度、3月30日より開始いたしましたカップヌードルの新CMに関しまして、お客様からたくさんのご意見をいただきました。

皆様に、ご不快な思いを感じさせる表現があり

皆様のご意見を真摯に受け止め、当CM、「C

放送を取り止めることに致しました。

今回のCMのテーマであります、「CRAZY

「OBAKA's UNIVERSITY」シリーズは、若

今後も、そのテーマに沿って、このシリー

ます。この度は、誠に申し訳ございませんでした。

いまだ！
バカやろう！

の面々が、テレビ朝日系の人気番組「しくじり先生」のごとく教訓を語ることで、カップヌードルの顧客層である若者にエールを送る趣旨だった。

　ところがCM放送開始後、同社に苦情が寄せられたため、CMを中止する決断に至った。クレームの対象となったシーンは複数あるが、主だった批判は矢口さんの起用と演出についてである。既に不倫騒ぎについては謝罪し、バラエティ番組などで復帰を果たしたが、いわゆる「アンチ」も根強く存在する。

　このCM、そんなに非難轟々だったのか。クレームがどのくらい入ると中止、見直しを考えるべきなのか。

本当は…

## ネットの評判は、良い26%、悪い6%で好評だった

クレームはどのように発生して中止や撤回に至らしめるほどの力を持つのか。カップヌードルのテレビCMについて、その推移を振り返ってみたい。

左図は、CM放映5日前の3月25日から、中止決定2日後の4月10日まで、ツイッターで「カップヌードル」を含む投稿があった件数をグラフ化したものだ。ホットリンクの協力を得て、クチコミ分析サービス「クチコミ@係長」からデータを得た。

中止の決断をしたくらいだから、CMが放映されるやツイート数が急増し、投稿内容が肯定的（ポジティブ）か否定的（ネガティブ）かを示すポジネガ判定はネガティブ一色だったに違いない……。そう思われるかもしれないが、実際は大きく異なる。

CM放映前の平時のツイート数は1000件前後、放映開始後は2000件前後から徐々に減っていく規模で推移した。実は放映2日前の3月28日、カップヌードル史上初のプレミアムタイプ「カップヌードル リッチ」2種類を新発売するニュースが流れた。この日のツ

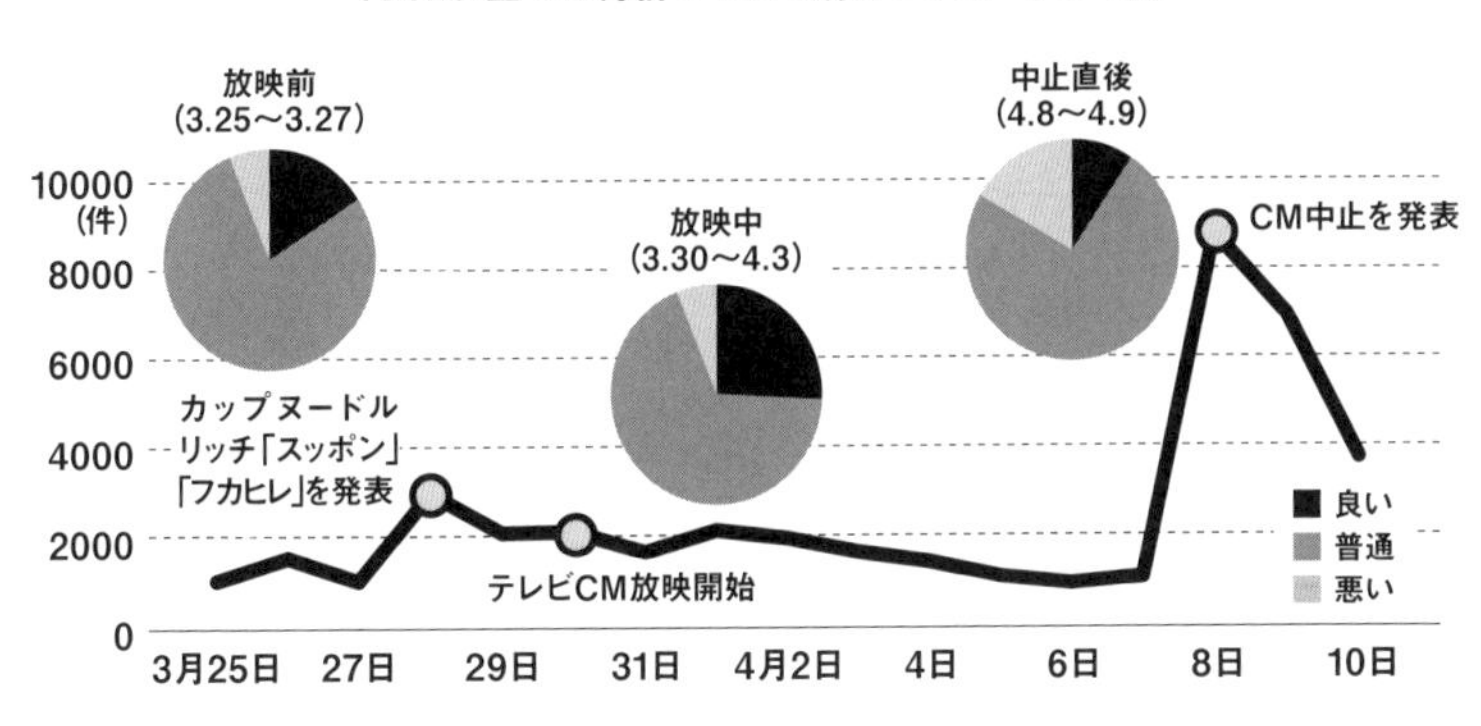


出所：ホットリンク「クチコミ係長」を利用、調査対象ツイート数が10分の1規模のため10倍している

イート数は3000件に達しており、CM放映中よりもツイッター界隈は盛り上がっていた。

CMの評判はどうだったのか。放映前、3月25日から3日間のポジ対ネガは、「良い」が16・0%に対し「悪い」が6・1%。それが放映開始後の3月30日から5日間のポジ対ネガは、良い26・0%、悪い5・9%と、ポジ率が10ポイントも向上した。ネットの総意はCMを好意的に評価していたのだ。

CM放映から1週間が経過して、ツイート数が平時の水準に戻ってきた矢先の4月8日、日清食品は突如CM放映中止を発表した。その日、ツイート数は一気に9000件近くまで急上昇。翌9日も7000件のツイートがあった。数字の推移からすると、放映中止になったことで脚光を浴びたCMといった方がむしろ正確かもしれない。中止の報で初めてCMの存在を知った人も多そうだ。

では、中止決定後のポジ対ネガはどうだったか。良いが9・5%と一転して10%を割り込み、悪いが16・4%と形成が逆転した。投稿内容を観察すると、「なぜ中止にした」「残念だ」などの声が目立つ。不満や悲しむ声をネガティブ判定しているようだった。

したがってこのCMは、公開されるやいなや非難轟々で炎上し謝罪に追い込まれるといった典型的な炎上劇とは趣が異なる。批判はどんな内容だったのか。同社広報部は次のように回答する。

「電話やWebフォームを通じてたくさんのご指摘をいただきました。矢口さんの起用・演出についてだけではありません。ムツゴロウさんのシーンでヘビが出てくるのは食品のCMとして不適切ではないか。ゴーストライター騒動をパロディーネタにするのは好ましくない、などのお叱りがありました。これらを総合的に判断した上での決断です」

矢口さんについては具体的に何が気に入らなかったのか。ツイートでは少数派のネガティブな声を探っていくと、「やっちゃえ皆さん」というセリフに対する違和感、嫌悪感が浮かび上がった。実はこのセリフ、ユーチューブ限定の60秒バージョンにのみ収録されているもので、テレビで放映する15秒・30秒バージョンには含まれていない。「危機管理の権威 心理学部准教授」という役回りで登場する矢口さんは、15秒・30秒版では「二兎を追う者は、一兎も得ず」という自虐ネタを披露するシーンだけで終わっている。

## ❖クレームに過剰反応

「やっちゃえ〜」が意図するところは不明だ。矢沢永吉さんが出演して話題になった日産自動車のテレビCMに「やっちゃえＮＩＳＳＡＮ」というセリフがあり、そのオマージュとの見方が強い。ただし日産のＣＭは、「やりたいことをやっちゃう人生とやらない人生ではやっちゃう人生の方が間違いなく面白い」という内容。矢口さんのセリフは、たけしさんの「お利口さんじゃ時代なんか変えられねえよ」の直後に入ることもあり、解釈次第でかつての不倫を肯定しているように聞こえなくもない。

さりとて、何か差別的な表現や問題発言という類いのものではなく、これが抗議行動を誘発するのは通常考えにくい。しかし、矢口さんのＣＭ出演を不愉快に感じながらも「嫌いだから」という個人的な感情だけでは抗議しにくかった「アンチ矢口」派にとって、「やっちゃえ」発言が批判する大義名分となって、抗議行動に至ったのではなかろうか。視聴者側が何か一言言いたくなるような突っ込みどころや引っかかる部分を残しておくことは、バズる動画作りの鉄則の一つ。だがそれが引き金となって放映中止を決断する要因になったと考えられる。「不倫を擁護しているのでは」との指摘が寄せられた背後には、そんな事情が垣間見える。

結果、多数が好意的に評価していたCMの放映が打ち切られることになった。傷つく人が特段いるわけでもないケースで放映中止に追い込まれるのはやはり異様だ。何より、学長役のビートたけしさんが「世間の声とかどうでもいい」と主張していたCMにもかかわらず、世間に配慮せざるを得なかった点が残念だ。

一方、話題づくりのために意図的に波紋を広げるようなタレント人選をしていながら、一部のクレームに耐えられずに中止してしまう日清も情けない。ベッキーさんのスキャンダルでCM降板や賠償問題に発展するのは、それだけCMタレントの人選が企業イメージに影響すると企業側が考えているからで、そこにあえて渦中の人物を複数起用して話題づくりを優先させた以上、クレーム上等と構えてスルーする耐性と度量が必要だ。ポジティブな反響が明らかに多い成功CMだったにもかかわらず、一部のクレームに心折れてしまうのなら、無難なＣＭにしておけばいいのではないだろうか。

## ❖指マークが教えてくれる動画の好感度

ユーチューブ動画の反響は、再生回数の下に表示される指マークの「高く評価」「低く評価」ボタンの数で、おおよそ把握できる。

「炎上してしまったか」……。そんな不安に陥りながら、この指ボタンを見て冷静に対応したのがグループウエアを提供するサイボウズだ。

同社は共働き家族のワークスタイルを主題とするブランディングムービーを３回にわたって公開した。２０１４年12月公開の第1弾「大丈夫」は、ワーキングマザーが仕事と保育園の送り迎え、急な発熱による呼び出しなど家事・育児で慌ただしい日常に翻弄されながら自問自答する姿を描いた3分弱のショートムービー。職場のチームを管理するグループウエア市場のトップランナーとして、過度に負担がかかっているワーキングマザーの現状に焦点を当て、ワークスタイル改善について考えるきっかけを作ろうとした、国内では珍しい問題提起型の内容だった。同様の境遇にいる働くママからの共感を得て拡散し、テレビ

**上向きの親指が「高く評価」した人の数**

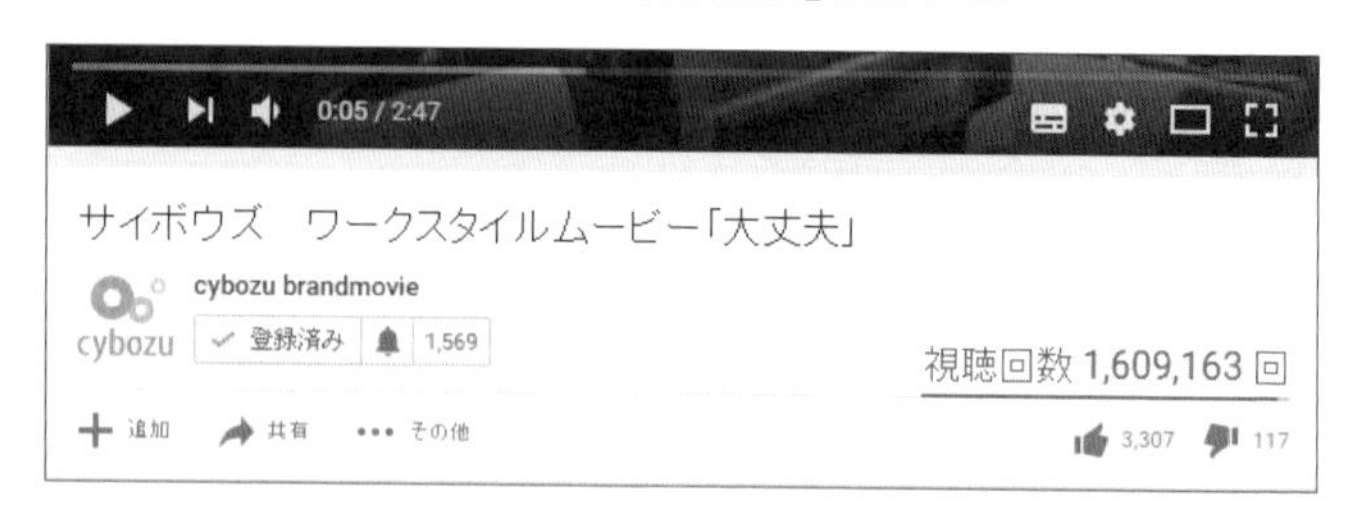


の情報番組でも採り上げられ、硬派な内容ながら再生回数は150万回を超えた。そして翌2015年1月、同社は第2弾「パパにしかできないこと」を公開する。

しかしながら、SNSに投稿される感想は第1弾と打って変わって手厳しい内容だった。大変なママの状況を理解し、いたわることが、「パパにしかできないこと」という趣旨だったが、「そんなことより家事育児は『パパでもできること』だらけだから、引き受けたらどうか」と、家事育児の分担ができている先進的な共働き層から不評を買った。

サイボウズとしては、理想的な共働き夫婦像や解決策を提示するのではなく、平均的な共働き世帯で起こりそうな「あるある」シーンを活写することで、考える機会を提供することを狙っていた。それが第1弾が好評だったがゆえに第2弾のハードルが想定外に上がってしまった。また第2弾で解決策が提示されると予想する人もいたため、その意味では期待外れとなり、その反動が不満のコメントとして投稿されることになった。同社は第1弾と第2弾を同時並行で制作し、先出しする第1弾により労力を割いていたため、第2弾の内容の詰めにいくばくか甘さがあったことも否めない。

動画プロジェクトを指揮した同社コーポレートブランディング部長の大槻幸夫氏は、「反響を見た当初はさすがに凹んだ」と振り返るが、意気消沈する同部門を救ったのは社長の青野慶久氏だった。青野社長は、再生回数のすぐ下に表示されている「高く評価」「低く評価」の数字に注目。広範に支持された第1弾は高く評価の割合が95％を超えていた。ところが不評と思っていた第2弾も、高く評価の割合が80％を超えていたのだ。本当に問題ある動画を公開した場合は、「低く評価」ばかり連打されるものだ。実際、ルミネが2015年3月に公開した動画が炎上した際は、低評価の数字が瞬く間に増えていった。

こうして第2弾動画でも、厳しいトーンの意見とは異なる感想を持つ層が広く存在していることがわかった。先進的共働き層の感想や提言をもちろんノイズ扱いにはできないが、それとは異なる一種のサイレントマジョリティーの存在を、ユーチューブの指ボタンに教えてもらった格好だ。商品にしてもCMにしても、想定とは異なる反響やネガティブな意見が寄せられるケースがあるが、このように「声なき声」の反応を確かめてみることは大切だ。

缶コーヒー

# キリンの缶飲料「別格」シリーズ、1年で撤退 200円台の高級路線は無理があったか?

2016年の年明け。サラリーマンの街、東京・新橋駅前のニュー新橋ビルにある自販機に、高級感あふれる金色のボトル缶「希少珈琲エスプレッソ」が100円、「塩サイダー南高梅」が80円で投げ売られていた。キリンビバレッジが2014年11月に立ち上げた「キリン別格」シリーズの商品だ。

「希少珈琲」などシリーズ第1弾商品の自販機価格は220円。素材を厳選して製法にこだわったハイグレードなラインアップだった。俳優の松本幸四郎さんと松たか子さんが和装で親子共演したテレビCMも話題を呼び、発売に合わせて新しい企業スローガン「世界一

最後は100円自販機で投げ売り

おいしいのみものをつくる会社になる」を発表するほど全力投球していた。

## ❖シリーズ第3弾発売直後に撤退

翌2015年春に希少珈琲のブラックとエスプレッソ、同6〜7月に塩サイダー、宇治抹茶、レモネードと値を下げてシリーズ商品を投入したものの、翌8〜9月には全シリーズの製造を終了した。ブランドサイトも削除済みだ。

全社を挙げて挑んだ新ブランドとしては、あまりに寂しい幕切れである。なぜ別格シリーズは失敗に終わったのか。

本当は…

## 「ハードル上げすぎた」「味が名前負け」

この場合、実際に飲んだ人の声を傾聴するのが手っ取り早い。「キリン　別格」を含む投稿を検索すると、さまざまな感想が書き込まれている。目についた内容は大きく2つ。

### ❖ネーミングと味に不満の声

一つは、別格というブランド名への違和感だ。「日本を、別格に」というCMのキャッチフレーズに対し、発売当初から「上から目線なネーミング」「格が違うかどうかは消費者が決めること」「日本礼賛の風潮がこんなところにも」といった声が上がっていた。もう一つは味わいについて。これは個々人の好みゆえ絶賛から酷評まで大きく割れていた。問題は、味に一定の評価をしている人でも、「別格というほどではない」などの表現でリピート購入に至っていないと思われるケースが散見されたことだ。

キリン「別格」シリーズ

| 商品名 | 容量 | 価格 | 発売日 | 製造終了 |
|---|---|---|---|---|
| 「日本冠茶」 | 375g | 200円 | 2014年11月4日 | 2015年8月 |
| 「希少珈琲」 | 375g | 200円 | 2014年11月4日 | 2015年8月 |
| 「生姜炭酸」 | 375g | 200円 | 2014年11月4日 | 2015年8月 |
| 「黄金鉄観」 | 375g | 200円 | 2014年11月18日 | 2015年8月 |
| 「希少珈琲 with ESPRESSO」 | 275g | 165円 | 2015年3月31日 | 2015年9月 |
| 「希少珈琲 BLACK」 | 375g | 175円 | 2015年3月31日 | 2015年8月 |
| 「塩サイダー 南高梅」 | 255ml | 148円 | 2015年6月16日 | 2015年9月 |
| 「京都宇治抹茶」 | 280ml | 138円 | 2015年6月16日 | 2015年9月 |
| 「濃密レモネード」 | 250ml | 155円 | 2015年7月21日 | 2015年9月 |

※価格は税抜き希望小売価格、「京都宇治抹茶」は345ml入りで148円の商品もあった

これが例えばよくある「プレミアム」などの表現だったら、またシリーズ第2弾の希少珈琲ブラックのように税込み200円を切る価格水準でスタートしていたら、飲んだ感想とその後の購買行動は違った可能性がある。別格を名乗って期待感のハードルを自ら上げ過ぎ、名前負けを招いてしまった感が強い。

## 5割が「多少高くても構わない」

同社は別格シリーズ発売時、「当社調べでは、約5割のお客様が『味がおいしければ多少価格が高くても気にならない』と考えていることがわかりました」とリリースに記載していた。事実、ビールでは高級志向のプレミアムビールを

各社が発売して人気を集めている。

## ❖180円でも人気のJR飲料

ノンアルコールでもプレミアムな価格帯の缶飲料の成功例はある。JR東日本ウォーターサービス（東京都渋谷区）が2014年4月から駅構内の自販機で販売している「おいしいカフェオレ」（180円）は、ネット上の評判も上々だ。

JR東日本管内で飲料開発・販売を手がける同社は、駅構内の自販機から、単品別の時間帯売り上げや購入場所などのPOSデータを取得。利用者がSuica決済したものについては、カードに割り振られているIDから購入商品の履歴を取得し、購入商品群やリピート購入の傾向を把握している。

JR東日本の駅構内自販機で
販売している180円のカフェオレ飲料

さらに「Ｓｕｉｃａポイントクラブ」の会員からは、性別・年代、郵便番号から居住エリアを購入商品とひも付けて取得できるようにした。会員数は２００万人を超えている。これによって、「商品Ａは先週○本売れた」という販売データだけでは見えなかった飲用シーンが浮かび上がるようになった。

おいしいカフェオレについては、午後の時間帯に「女性向け」「やや甘め」の商品が伸びていることや、コンビニで２００円前後のチルドカップコーヒー飲料が女性に人気なことから、品質の高い商品なら１８０円でも需要はあると見込んで、発売に踏み切った。

別格シリーズの撤退についてキリン広報は、「流通や一部のお客様からは一定の評価をいただいたが、価格設定などに課題を残した。今後も多様化するニーズに対し、今回得られた知見を活用していきたい」と回答を寄せた。デジタルマーケティング部門を大増員しているキリングループだけに、敗因分析からの再チャレンジが待たれる。

なお、社運を賭けたプロジェクトが赤字に終わったことで辞職した佐藤章社長は、日清食品ホールディングスからスカウトを受け、傘下の湖池屋の社長に転じた。カルビーが競合のスナック菓子市場で、反転攻勢に期待したい。

column

コンタクトレンズ

## あえて〝読みにくい〟屋外広告で興味喚起した「アキュビュー」

「ぐっすり寝ないと、疲れはとれない。しっかり見えないと、レギュラーはとれない」「パンもスポーツも、工夫次第でウマくなる」――。

女子バレーボールや競泳で全国大会の常連になっている札幌大谷高校などスポーツ強豪校が集う札幌市東区で、こんな謎の屋外広告が登場した。次ページの写真の通り、「視力検査表」をモチーフにしたメッセージで、だんだん文字が小さくなるため近づかないと最後まで読みにくい。

こちらは、使い捨てコンタクトレンズ「アキュビュー」ブランドを提供するジョンソン・エンド・ジョンソン ビジョンケアカンパニーが視力の大切さを啓発する「スポ×コン応援団」プロジェクトの一環として2016年6月20日から2週間、掲示したもの。

なぜ札幌だったのか。同社コマーシャル・オペレーションズ&ストラテジー本部マーケティンググブランドエクイティの大森欣哉シニアマネジャーは次のように語る。

「15～17歳の裸眼視力1・0未満の生徒の割合が多い都道府県を調べると、北海道がワースト3の常連だった。そこで視力の悩みを抱えている中高生に、部活動のスポーツと絡めたメッセージを、視力検査風に掲示することで見えづらさを実感してもらい、視力について考えるきっかけにしてほしいと考えた」

中高生の通学路を中心に20カ所以上で展開したこの屋外広告、実は札幌・大通駅の地下通路に掲示した1点以外は、広告スペースとして販売していない一般の商店や飲食店の壁面などに掲示している。「一軒一軒、広告掲示をお願いして回った」（大森氏）。ちなみに冒頭の「ぐっすり寝ないと…」は寝具店、「パンもスポーツも…」はベーカリーショップという具合に、掲出場所に応じてオリジナルのメッセージ内容を記載するよう、工夫を凝らしている。

コンタクトレンズを使い始めるのは中高生時代が多く、その世代にいかにアキュビューブランドに振り向いてもらえるかが課題になる。通常は、若者の利用時間が多いスマートフォン向け広告・コンテンツ施策を考えがちだが、そこはあらゆるジャンルが凌ぎを削る激戦区でもある。

## あえて広告らしさを排除

そこで同社は、一風変わった屋外広告を通じたリアルの接点づくりに力点を置いた。広告といえば視認性が重要だが、意図的にだんだん文字が小さく、見えづらくデザインし、隅に小さく「スポ

中高生の通学路で、商店や飲食店の壁面に視力検査をモチーフにした屋外広告を掲示

×コン応援団」とアキュビューの英字ロゴを配置した。

大森氏は、「『アキュビューで検索』といったいかにも広告のようなつくりにはしなかった。意識としては屋外にコンテンツを掲示するイメージ」と説明する。

あえて広告らしさを排除したことで、「これ、何?」と興味がわいて撮影しSNSに投稿する、「スポ×コン」で検索する、あるいはアキュビューを既に利用している生徒が級友に教える、といった行動が起こることを目指した。アキュビューのブランドサイトでは、視力に不安を抱えて検索・来訪した人向けの受け皿として、スポ×コン応援団コンテンツを用意し、スポーツが上達する観点から視力の重要性とコンタクトレンズの利便性を説明している。

一連の広告展開は、地元のテレビ局やタウン誌などが街の話題として取り上げたことで、地域住民により広く知られるところとなった。広告然としたクリエイティブだったら、なかった展開だろう。中高生が能動的にスマホで投稿、検索したくなる、リアルのクチコミも誘発する、ユニークな取り組みである。

# 第8章
# 見出しに
# つられるなかれ

スマホ

# スマホで「出会い」被害、前年比1・5倍増 スマホは児童ポルノ事件の温床なのか？

「スマホで出会い1・5倍＝児童ポルノ被害の子ども――上半期最悪・警察庁」

2014年9月25日、時事通信社が運営するニュースサイト「時事ドットコム」にこんな見出しのニュースが上がった。以下、概要を箇条書きする。

・全国の警察が2014年上半期（1～6月）の児童ポルノ事件の被害者数を発表

・新たに身元を特定した18歳未満の子どもは、前年同期より7人多い325人

・これは統計を始めた2000年以降で最多（警察庁まとめ）

・うち、スマートフォンで加害者と出会った子どもは126人で1・5倍増

・摘発した事件数は23件増の788件。上半期で10年連続の増加、過去最多を更新
・警察庁は「スマホの普及が進んだ上、取り締まりを強化した影響」とみる
・携帯電話を使って加害者と知り合った子どもは21人で55人減
・一方、スマホは41人増の126人
・親類や知人、ナンパ相手が加害者だった子どもは149人
・方法は、自ら撮影させてメールで送らせる「自画撮り」が122人、全体の38％
・うち111人が中学生以上。小学生以下が11人で前年同期より4人増
・児童ポルノは2014年7月に単純所持禁止、2015年7月から罰則適用

## ❖筆者もつられた見出し

筆者はこのニュースの半年前に『わが子のスマホ・LINEデビュー 安心安全ガイド』という書籍をちょうど出版していたこともあり、その後の動向についても気にかけていた。それゆえ、1.5倍増という急増ぶりを示す記事タイトルには正直驚いた。結局、このときは肩透かしに終わったのだが。

本当は…

## 従来型携帯電話が大幅減、モバイル経由は減少

実際はどうだったのかというと、左図のグラフを見れば一目瞭然だ。前年の上半期と比べて全体の被害者数に大きな違いはない。加害者と知り合った手段として、スマートフォンは85人から126人へ確かに1・5倍増だ。その分、従来型携帯電話（フィーチャーフォン）が76人から21人へ4分の1近くに減った。モバイル経由として合計すると、前年の161人から当期は147人へ、差し引き14人の減少（8・7％減）である。

スマートフォン経由の事案はすでに前年の上半期、前々年同期比4・5倍増で、携帯電話経由を逆転していた。このとき「スマホ経由が4・5倍増」と見出しにあったら、この1年のスマホの急速な普及に沿った数字として受け止めただろう。ところが「1・5倍増」はモバイル経由の事件の純増数としてありえそうな数字だけに、つられてしまったわけだ。

健全なスマホ利用のための啓蒙はメディアの役割であるから、注意を引く見出しを立てるのは「同業」として理解はできるのだが、「スマホ＝危険、悪」といった印象操作にもつなが

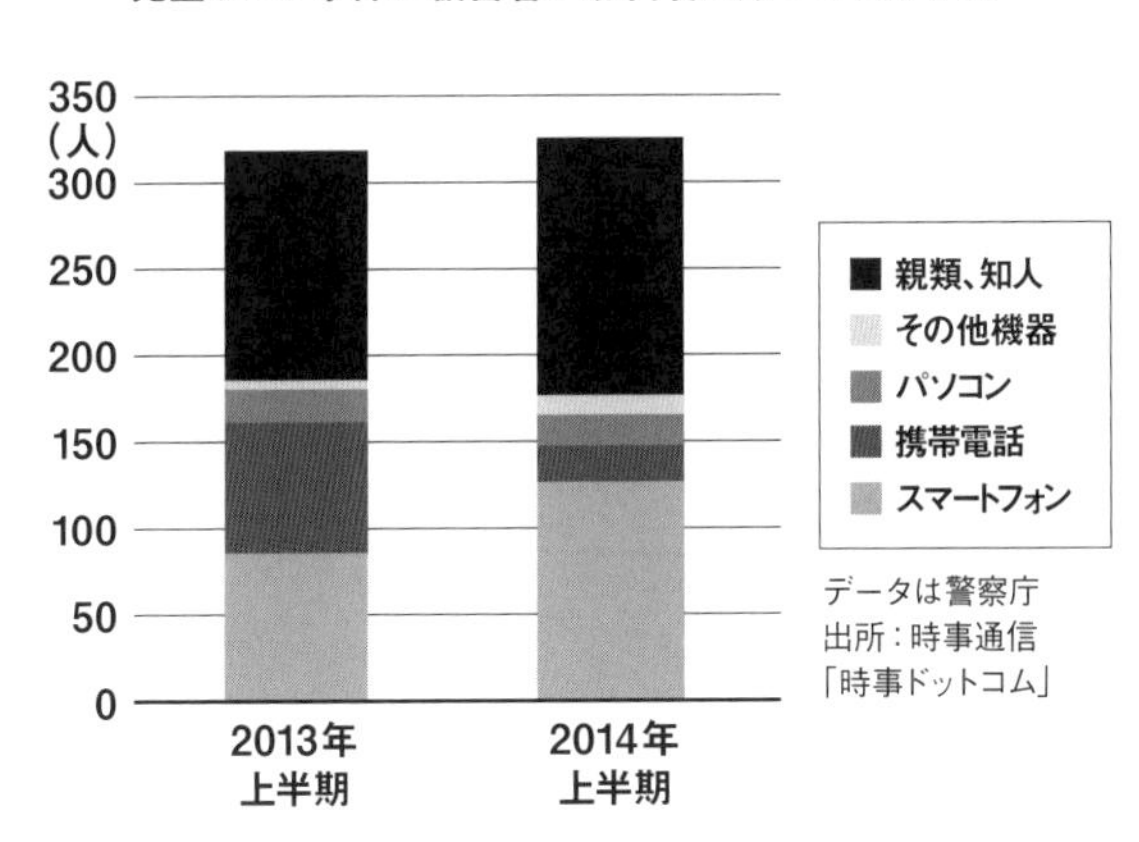


りかねないだけに、慎重さは求められる。

時事ドットコムのサイトにはこのグラフが載っていたため、実態を把握しやすい。だが、時事通信の記事が転載された地方紙では、グラフがないケースもあった。記事だけで見抜くのはなかなか難しい。

このニュースの場合、加害者と知り合った手段として「親類、知人など」が前年の１３３人から１４９人に12％増えており、これが前年比微増（２・２％増）の原因となっている。「知らない人に付いていっちゃいけませんよ」と親は子に指導しても、親類や知人への対応を教えることはあまりない。今回は、そちらの盲点にフォーカスする機会だったのではないかと思うが、いかがだろうか。

集団的自衛権

# 朝日「反対56％」、読売「容認71％」の謎 本紙の主張に合う読者に調査してるから？

集団的自衛権の是非をめぐっては、2014年から2015年秋にかけて世論が真っ二つに割れた。国会周辺ではデモが行われ、安保法制に反対する学生団体「SEALDs」がひときわ注目を浴びた。

集団的自衛権を行使できるようにする安全保障関連法は、最終的に2015年9月の参院本会議で可決、成立し、2016年3月に施行されている。

全国紙各紙を読むと、世論が真っ二つというより、調査結果が真っ二つに割れていた。2014年4〜5月の紙面を振り返ってみる。

・集団自衛権 71%容認「限定」支持は63%　読売新聞2014年5月12日
・憲法解釈変更、反対が過半数 集団的自衛権、賛成39%　共同通信2014年5月18日
・集団的自衛権69%「容認」解釈変更うち7割支持　産経新聞2014年5月19日
・集団的自衛権 憲法解釈変更、反対56% 行使54%反対　毎日新聞2014年5月19日
・67%「適切ではない」集団的自衛権、首相の進め方　朝日新聞2014年5月26日

イデオロギーの異なる集団にそれぞれ調査したのかと思うほど、記事タイトルが示す内容は違っている。集団的自衛権の行使についての賛否を整理しておこう。

・朝日新聞　賛成29%、反対55%
・毎日新聞　賛成39%、反対54%
・共同通信　賛成39%、反対48%

この3社はそこそこ数字がそろっている。

・読売新聞　容認71%、反対25%
・産経新聞　容認70%、反対28%

「賛成」と「容認」の表現の違いが気になるが、この2社は数字がきれいにそろっている。

いずれにしても、どのニュースを読んだかで印象は大きく異なる。どうしてこうなった?

本当は…

## 設問文や選択肢の工夫次第で結果はつくれる

世論調査が真っ二つという事態はあまり望ましいことではない。何より信用できない印象を読者に与えてしまう。新聞紙を読む時代ならば、購読している一紙の結果を読んで、よくも悪くも受け止めていたわけだが、ヤフー！ニュースの見出しなどにまるで違う結果が並んで表示されるのがネット時代だ。

自社の論調に合った結果が出やすいように、購読者を対象にアンケートしているのではないか。数字を捏造しているのではないか。そもそもエア調査なのでは？などなどネット上には不審の声が挙がることになった。

大手新聞社の世論調査では、コンピュータで無作為に数字を組み合わせて電話番号を作り電話をかけるＲＤＤ（ランダム・デジット・ダイヤリング）方式を採用しているのが一般的だ。固定電話の番号は、市外局番－市内局番－家庭用番号の10ケタで構成されているため、大都市だけ、東日本だけなどに回答者が偏らないよう、全国の居住者バランスに沿った形に

**集団的自衛権の賛否は割れたが・・・**

■ 報道各社が2014年4〜5月に実施した世論調査

| | | 賛成または容認 | | 反対 |
|---|---|---|---|---|
| 共同通信 | 5月17〜18日 | 賛成 | | 反対 |
| | | 39.0% | | 48.1% |
| 朝日新聞 | 5月24〜25日 | 賛成 | | 反対 |
| | | 29% | | 55% |
| 毎日新聞 | 4月19〜20日 | 全面的に認めるべき | 限定的に認めるべき | 認めるべきではない |
| | | 12% | 44% | 38% |
| | 5月17〜18日 | 賛成 | | 反対 |
| | | 39% | | 54% |
| 産経新聞・FNN | 5月17〜18日 | 全面的に使えるようにすべき | 必要最小限度で使えるようにすべき | 使えるようにすべきではない |
| | | 10.5% | 59.4% | 28.1% |
| 読売新聞 | 5月9〜11日 | 全面的に使えるようにすべき | 必要最小限度の範囲で使えるようにすべき | 使えるようにする必要はない |
| | | 8% | 63% | 25% |

なるように番号を発生させてコールする仕組みになっている。したがって、どうしても「朝日の調査には回答したくない」「産経の調査には回答したくない」という一部の人が回答を避ける結果、各紙の論調に回答が寄る可能性はないとはいえないものの、朝日と産経で内閣支持率が大きく異なってしまうようなことは起きていない。

ならばなぜ集団的自衛権の世論調査をめぐって調査結果が大きく割れたのか。

原因は選択肢にある。朝日、毎日、共同が集団的自衛権の行使について「賛成」「反対」の二者択一だったのに対し、読売と産経は、「全面的に使えるようにすべき」という全面賛成派、「必要最小限度で使えるようにすべき」という限定的賛成派、「使えるようにする必要はない」という反対派の三択式で、前2つのどちらかを選ぶと「容認」派にカウントされる。

全面賛成派は10％前後にすぎないが、限定的な賛成派は6割に上り、結果、容認派が7割という記事タイトルができあがる。

松・竹・梅や並・上・特上など3種類の選択肢を提示された場合、人は両端を外して真ん中を選びやすい。「極端の回避性」と呼ばれる現象だ。これは日本人が優柔不断な性格だからではなく、海外でも確認されている。消費者調査で、170ドルのカメラA、240ドルのカメラB、470ドルのカメラCを用意し、被験者グループにまずAとBの2種類から選んでもらうと、結果は半々。だが別の被験者グループにABCの3種類から選んでもらうと、真ん中のBを6割近くの人が選んだという。高額のCという見せ玉をつくっておくことで、Bが選ばれやすくなる。

特に安保法制のような難解なテーマで、明確に自身の考えが固まっていない多くの人は、真ん中の回答を選びやすい。

では、「必要最小限度」のような真ん中の選択肢を設置することは狡猾なのかというと、そうとも言えない。「全面的に賛成ではないが、反対というのもちょっと違う。何も考えていないわけじゃないから『分からない』を選ぶのも癪だ」。そんな微妙な立場で揺れる人が多い状況下では、限定容認論は悪い選択肢ではない。

実際、毎日新聞は２０１４年4月の調査では、集団的自衛権について「限定的に認めるべきだ」を含む三択式で選ばせている。そしてやはり「限定的容認」が最多の回答になった。問題があるとすれば、限定的容認を全面的賛成と合算して、あたかも賛成派が圧倒的多数であるかのようにみせることだろう。

世論調査では、設問文の言葉遣いや選択肢の置き方次第で数字をかなり動かせてしまう。設問文中の集団的自衛権についての説明で、米国など日本と密接な関係にある国が攻撃されたとき、「日本が攻撃されていなくても反撃する権利」とした場合と、「日本が攻撃されていなくても、日本への攻撃とみなして、一緒に戦う権利」とした場合では、前者の方が賛成が10％以上高く出ているケースがある（毎日新聞２０１４年5月22日付け5面より）。

調査結果をみるときは、その数字をもたらした選択肢や設問文に注意を払いたい。

column

ボンカレー

# テレビCM撤退、広告宣伝費6割減でも売り上げ増

レトルトカレーの代名詞、大塚食品の「ボンカレー」は、女優の松山容子以来、有名人を起用したテレビCMを長年放映してきた、マス広告の象徴のような存在だ。

そのボンカレーが2013年に発売45周年を迎えて以降、CMから撤退している。広告宣伝費を実に6割減らしたが、それでも売り上げは微増で推移しているという。CM撤退はマイナスに作用せず、代わって取り組んだ長尺の動画広告が、ターゲットに据えたワーキングマザー（ワーママ）に訴求している格好だ。

ボンカレーの認知率は9割を超えていて知らない人はほとんどいない。では最近食べたか?といえばそうでもない人が多いハズだ。CMは認知度の低いブランドやこれから新発売の商品の告知には向いているが、ボンカレーほどの知名度を持つ商品が改めて商品を手に取ってもらうための動機作りやメッセージ性を15秒に盛り込むのは難しい。

「そこで今までの広告宣伝スタイルを見直し、PR中心で進めていこうと方向転換を図った」（同

社製品部レトルト担当プロダクトマネジャーの垣内壮平氏）

テレビCMに代わって活用したのが、ユーチューブで公開する数分間の長尺動画だ。「ボンカレーは誰を救えるのか」を突き詰めた結果、共働き率が高まりながらも家事負担がなかなか軽減しないワーママに訴えかける内容にした。

2015年に取り組んだワーママ応援ムービーは、「Smile Table Day ママもみんなも笑顔になる食卓3カ条」をキャッチフレーズに制作。3カ条の内容は、「ごはんをラクにする（レトルトも使っちゃおう）」「席を立たない（みんなで『いただきます』と『ご

**2015年7月、Smile Table Day食卓3カ条プロジェクト**

ちそうさま』）」「おしゃべりを楽しもう」の3つだ。

共働きの多忙な3世帯の協力を得て、部屋にカメラを設置して平日の夕食の様子を撮影。保育園から一緒に帰宅するなり母親に甘えたがる子供をなだめすかしながら夕食の準備に追われる、そんな気が休まらないワーママの姿を追いかけた。そこで食卓3カ条を実践してもらったところ、Aさん家族は、食卓滞在時間が1・7倍、会話数は1・2倍、笑顔の数は1・3倍に増えた。そんなビフォー・アフター型ムービーである。

この動画への誘導ルートとして活用したのが、Webニュースメディアに社名を明記して出稿したPR記事だ。ワーママ1000人を対象に実施したアンケート調査の結果なども交えた読み物を3つのサイトで公開し、記事内でインライン再生できる動画を張って誘導をかけた。再生回数は第1弾に及ばないものの、完視聴率は大幅にアップしたという。

### 「熟読率」測定し深い分析

さらに昨年暮れから年明けにかけての15日間、3つのサイトの記事の「熟読率」を測定できるツールを導入し、動画の完視聴率との相関についても調査した。

導入したのは、デジタルPR支援のビルコム（東京都港区）が開発した「コンテンツアナライザー」。従来の「滞在時間」では、離席している間やブラウザーが最前面に出ないまま他の作業をしている間でも、アクセス中とカウントしていた。同ツールでは、最前面に表示されたサイトに対してマウスやキーボードが操作された時間を「注目時間」とし、それに「スクロール動作」を掛け合わせて、記事のどこまでが表示されて読んだかを示す「熟読率」を算出する。

3つのサイトの記事では、「壮絶な食卓リアル事情」というやや煽り気味のタイトルを付けた記事がビューを集め、熟読率も高かった。だが熟読率が一番低かった教育・受験情報のニュースサイトが、動画の完視聴率は一番高いという結果だった。

記事タイトルに引かれて最後まで記事を読んでくれる人が多いが、その勢いで動画を最後まではなかなか見てくれないのが前者とすると、後者は堅い内容で熟読率は低いが、熟読してくれた人は最後まで動画を見てくれる人が多い、と言える。

垣内氏は、「閲覧数だけでは分からなかった記事の読まれ方が把握でき、メディア選定やタイトル付け、動画の配置場所などを考える上で参考になる」と語る。今後、コンテンツの熟読率や誘導精度をさらに高めて、デジタルPRの効果を上げていきたい考えだ。

終章

# 数字にダマされないために

## メディアは「珍しいこと」「意外なこと」を報じたがる

新聞、テレビからWeb専業のニュースメディアまで、メディアは世の中で起きていることを等しく伝えるのではなく、何か変化が起きている、その兆しが見えることや、珍しい出来事、意外な事実・真相などにフォーカスして報じる。当たり前のことが当たり前に行われているだけでは、なかなかニュースになりにくい。実際、読まれないだろう。ニュース性とは変化のこと。その振れ幅が大きいほど、またイメージとのギャップが大きいほど、反響も大きくなる。ベッキーさんが不当に叩かれすぎるのもそんな背景がある。

2章の「傷害事件」で紹介したように、「若者の犯罪離れ」と言っていいほどに検挙された少年（刑法犯少年）の数は激減している。少子化の影響ではなく、14〜19歳人口1000人当たりの人口比を過去と比べてそうなのだ。

それにもかかわらず、少年による重大な犯罪が増えていると感じる人が5年前調査より増えて8割に上るというのだから、残念である。この調査は、2015年2月に起きた川崎市の中1男子生徒殺害事件から数カ月後だったことが影響しているかもしれない。

## ❖見たいと思う現実しか見ない罠

少年犯罪が、いちいち取り上げていたらキリがないほど発生するとスルー対象になり、犯罪件数が減って希少性、意外性が出てくると、かえって悪目立ちしてしまう。事件が起きていないこと、減っていることを唐突にニュースにするのは難しい。こうして、犯罪件数がずっと多かった昔が思い出補正とともに美化され、現在はますます生きづらい時代という認識になってしまう。

こうした思い込みを排除するのは容易ではない。「多くの人は見たいと思う現実しか見ない」。これは古代共和制ローマの英雄、ユリウス・カエサル（ジュリアス・シーザー）の名言とされている。少年事件が立て続けに2〜3件起こると、少年の犯罪が増加、凶悪化しているという仮説のもと、類似のケースを探し当てて仮説を補強する。過去との比較は意図して隠しているわけではなく、「最近増えている」と思い込んでいるから考えが及ばない。メディアも視聴者・読者も、そんな思考の癖を無意識に持っていることは知っておきたい。

## 過去に遡って比べることで現状を把握する

2016年9月の大相撲秋場所は、初優勝を全勝で飾った大関豪栄道の活躍で大いに盛り上がった。豪栄道は直前の名古屋場所で負け越し。大関は2場所連続で負け越すと、大関の地位から関脇に陥落する。陥落にリーチがかかった「かど番」大関だった。そんな窮地にいた豪栄道が優勝を果たし、ニュースでは「○年ぶり」というフレーズが複数飛び交った。日本出身力士の優勝は2016年初場所で琴奨菊が、2006年初場所の大関栃東以来、ちょうど10年ぶりに決めている。そこで全勝優勝は、日本出身の力士として、かど番大関として、大阪出身力士として、いつ以来なのかがごちゃまぜになっていた。

ただ「○年ぶり」と言う場合もあれば、「貴乃花以来」と記録保持者の力士名を挙げる場合もあれば、「1994年の名古屋場所以来」と年号と場所名を挙げる場合もある。何やらすごいらしいことは伝わってくるのだが、何がどのくらいなのかがわかりにくい。

こんなときはヤフー！ニュースなどにスポーツ紙や全国紙が提供しているニュース記事

から断片的な情報をコピー&ペーストで寄せ集めて整理してみるといい。まとめるとこんな感じになる。

◉豪栄道、全勝優勝の記録

・かど番大関の優勝（２００８年夏場所の琴欧洲以来８年ぶり）
・かど番大関の全勝優勝（２場所連続負け越しで陥落が１９６９年に制度化されて初）
・初優勝が全勝優勝（１９９４年名古屋場所の武蔵丸以来22年ぶり）
・日本出身力士の全勝優勝（１９９６年秋場所の貴乃花以来20年ぶり）
・大関の全勝優勝（２０１２年秋場所の日馬富士以来６年ぶり）
・日本出身大関の全勝優勝（１９９４年九州場所の貴乃花以来22年ぶり）
・大阪出身力士の優勝（１９３０年夏場所の山錦以来86年ぶり）

これで豪栄道の全勝優勝がいかに記録ずくめであったか、すっきり把握できる。併せて、貴乃花が活躍した90年代の外国人力士はまだハワイ勢が中心だったことなど、相撲界の流れの一端もつかむことができる。これは、ビール類やクルマ、犯罪、事故などのデータを見る際も同じで、遡って相対的に比較することで現状がより把握しやすくなる。ごちゃごちゃの情報を整理、比較する習慣をつけると、見えづらかったものが見えてくる。

## 人があまり行かない場所に足を運んでみる

第4章で街の喫茶店が減少している件について、「減っているからといって不人気、斜陽産業」とは限らないと解説してくれた、マーケティングコンサルタントの山本直人氏は、データの本質やマーケティングの感性を磨くコツとして、「人があまり行かない場所・店に行ってみる」ことをお薦めする。一見、斜陽産業に映る昭和スタイルの純喫茶は、後継者不足で閉店を余儀なくされるケースが多く、決して業態が時代遅れになって顧客から見放されたわけではないことは、実際に足を運んでみて実感として理解できる。データだけ見ていると、大幅減イコール不人気と自動的に解釈してしまうが、フィールドワークを半ば趣味とすることで、数字に対する多様な見方や感性が養われる。

反対に、自分が目にしたことや周囲で起きていることをそのまま世の中の現象、トレンドと判断してしまう危険もある。例えば、皇居周辺に足を伸ばせば元気なアクティブシニアが、若者に混じって走る姿が見られる。おカネのあるシニア向け健康ビジネスは有望と考えが

データの本質を見抜くための行動習慣

❶ 思い込みを排して、データを疑う

❷ 人があまり行かない店・場所に行ってみる

❸ 無意識に買った自分の消費を振り返って「買った理由」を考える

❹ 異世代・異性の消費をチェックし、仮説を立て、本音を尋ねる

❺ 異分野の書籍を読んで、洞察力を磨く

ちだが、「皇居ランナーという一部の現象を見て、これが全体の傾向だと決めつけない方がいい」（山本氏）。博報堂生活総研の「生活定点」調査で、「健康に気をつけた生活をしている」という項目の推移を調べると、60代男性は2006年の81・8％から2012年は72・0％と減少幅が大きい。団塊の世代が60代に入ってから数字が下がってしまっている。リアルで目にしたイメージは固定化しやすいので、データと合わせて見ることで自ら補正をかける必要がある。

このほか筆者が取材時に複数のマーケティングコンサルタントからアドバイスいただいた、データの本質を見抜くための行動習慣を上記に挙げた。ぜひ参考にしていただきたい。

# おわりに

本書を手に取った方は、これまで「統計のウソを見抜く」系の書籍を読まれたことがあるかもしれない。本書もその系統の類書といえば類書だが、そうした本はどちらかといえば、「データを使って無知な消費者をダマそうとする悪い大人がいるから、賢くなってダマされないようにしよう」という趣旨が強かったように思う。

だが実際は、学者やアナリストなど統計のプロと呼ばれるような人でも、意図せず検証を欠いたデータを公表し、それをメディアが無批判に横流ししてニュースとして報じられるため、奇妙な数字や説が悪意なくニュース視聴者・閲覧者に届いてしまっている。

1章の冒頭で挙げた「若者の海外旅行離れ」はその典型例だ。20代の出国者数は、90年代半ばをピークに減少に転じている。それに伴い日本からの出国者に占める20代の割合も大きく下がっている。そこで海外旅行離れが言われるようになったが、少子化が進む20代の出国者数が、第2次ベビーブーマー世代が20代だった90年代半ばの出国者数よりも減るのは当然のこと。そこを考慮せずに実数だけを見て「内向き志向」などとレッテル張りする例がいかに多いか。「若者の○○離れ」と言われているものの多くが、実は離れていなかったり、離れはしたが中高年も同様に離れていたりする。

「そのレッテル張りにメディアが加担しているのに、メディア側の人間がどの口で?」といううご批判はごもっともなので、甘んじて受けたいと思う。何ら統計のいろはを習得しているわけでもない一介の記者が、それでも分不相応なテーマに取り組んだのは、無用なレッテル張りや根拠に乏しい数字の独り歩きが、いらぬ諍いを起こし、「炎上」の火種となりうるからである。

筆者はこれまで『ネット炎上対策の教科書』『わが子のスマホ・LINEデビュー安心安全ガイド』など、ネット炎上対策、SNSの安全活用をテーマにした書籍を発行してきた。企業も巻き込まれた主だった炎上事例を描写し、予防策と事後対策についてまとめているが、一向に炎上トラブルは収束しないどころか増え続けている。ならば火種ができにくいように導いていく必要があるのではないか。

2章の保育園建設の項で挙げたように、「子育てに理解がないのは中高年の男性」とハナから決めつけられている節がある。だがデータを拾っていくと、必ずしもそうではない。こうした検証をする人が増えれば、無用な世代間抗争で消耗することもなくなるだろう。

本書の執筆に当たり、トランスコスモス・アナリティクス取締役副社長の萩原雅之氏には、たくさんのヒントをいただいた。萩原氏には、弊誌「日経デジタルマーケティング」で連載講座「マーケティングリサーチを変えるデジタルテクノロジー」を執筆いただき、筆者は担当編集として関わらせていただいた。本書で挙げた30のケーススタディのうちのいくつかは、萩原氏がフェイスブックで議題として採り上げていたものである。この場を借りて御礼申し上げたい。

データと接するに当たって大切なのは、思い込みを排除すること。容易なことではないが本書もまた鵜呑みにせずクリティカルに読んでいただき、いつしか業務で、プライベートでお役に立つことができれば幸いである。

２０１６年10月

日経デジタルマーケティング 記者　小林直樹

**小林直樹**

「日経デジタルマーケティング」記者。早稲田大学政治経済学部卒業後、1994年日経BP社入社。1996年「日経ネットナビ」、2002年「日経ビジネスアソシエ」の創刊、編集などを経て、2007年「日経デジタルマーケティング」の創刊に参画。著書に『ネット炎上対策の教科書』『わが子のスマホ・LINEデビュー 安心安全ガイド』（いずれも日経BP社）など。

**日経デジタルマーケティング**

最先端のマーケティング手法を経営戦略にどう活かすべきかを、具体的な先進事例を基に解き明かす専門メディア。Web、雑誌、セミナーの3つのアプローチで、より速く、より深く、より分かりやすく、気になる情報を提供する。
http://digital.nikkeibp.co.jp/

# だから数字にダマされる

2016年10月24日 初版第1刷発行

| | |
|---|---|
| 著者 | 小林直樹 |
| 編集 | 日経デジタルマーケティング |
| 発行人 | 杉山俊幸 |
| 発行 | 日経BP社 |
| 発売 | 日経BPマーケティング<br>〒108-8646 東京都港区白金1-17-3 |
| 装幀 | 小口翔平＋三森健太（tobufune） |
| 制作 | 日経BPコンサルティング |
| 印刷・製本 | 図書印刷 |


ISBN978-4-8222-3557-4

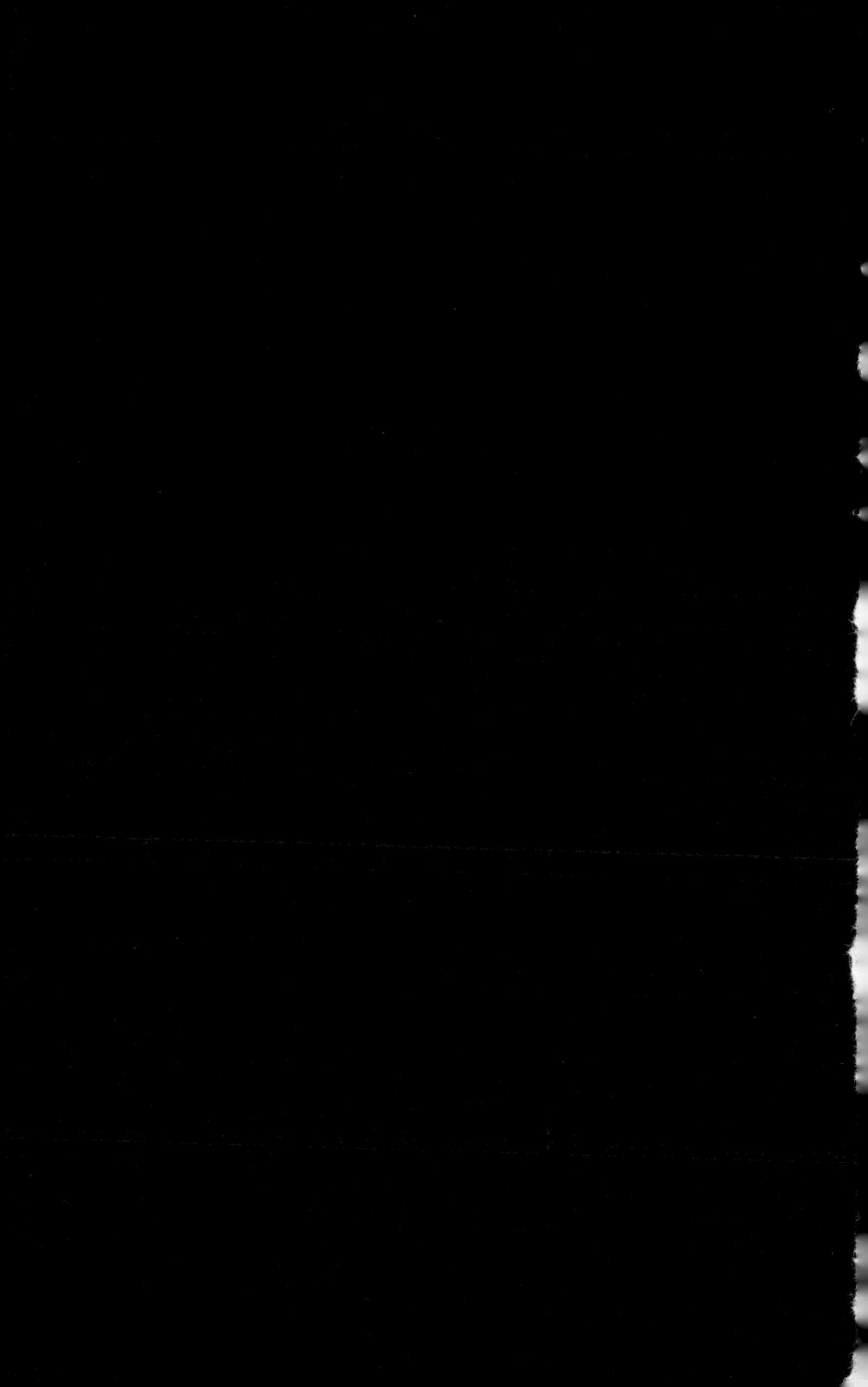